# Os Sete Temperamentos

Geoffrey Hodson

# Os Sete Temperamentos

Editora Teosófica
Brasília - DF

Direitos reservados à
EDITORA TEOSÓFICA
SIG-Setor de Indústrias Gráficas,
Quadra 6, Lote 1235
70610-460- Brasília-DF
Tel.: (061) 3322-7843
Email: editorateosofica@editorateosofica.com.br
Site: www.editorateosofica.com.br
Instagram: *@editorateosofica*
Whatsapp: 61 98613-4906

H 687

Hodson, Geoffrey

Os Sete Temperamentos / Geoffrey Hodson

Brasília: Editora Teosófica, 3ª Ed., 2025

Tradução de: The seven human temperaments

ISBN: 978-85-7922-046-3

CDU 141.332

Revisão conforme a Nova Ortografia: Maria Coeli Perdigão B. Coelho / Zeneida Cereja da Silva
Capa: Francisco Regis
Diagramação: Reginaldo Mesquita
Impressão: Grafika Papel e Cores
comercial@grafikapapelecores.com.br

# *Reconhecimento*

Reconheço com gratidão o grande auxílio recebido de minha querida amiga, Miss M. G. Fraser, de Auckland, Nova Zelândia, na preparação deste livro.

# *Sumário*

## Capítulo 1

# A teosofia e a sociedade teosófica

A palavra Teosofia, derivada de duas palavras gregas, que significam Sabedoria Divina, foi criada no segundo século da era cristã pelos neoplatônicos, com o intuito de reunir as verdades que foram reveladas ao homem pelos seus Mentores Espirituais, no início da vida humana neste planeta. Posteriormente, estas verdades foram ampliadas, conferidas e confirmadas até o dia de hoje, por uma ininterrupta sucessão de investigadores ocultos, chamados Adeptos[1]. Os frutos completos deste duplo processo vêm

[1] ADEPTO — Um Iniciado do 5.º grau, um Mestre na Ciência da filosofia esotérica, um homem perfeito, um exaltado Ser que conseguiu domínio sobre a natureza humana e possui conhecimento e poder à

sendo preservados pelos ainda atuantes Hierofantes e Iniciados nos Grandes Mistérios, dentro dos quais eles foram inseridos para serem confiados somente aos neófitos. Em seus aspectos doutrinários, estes mistérios consistem num vasto corpo de ensinamentos, que abrangem todos os assuntos concebíveis para os quais se pode voltar a mente do homem.

Os princípios fundamentais da religião, filosofia, arte, ciência e política estão todos incluídos nesta sabedoria dos séculos. Desde o tempo em que foram fechadas as Escolas Platônica e Gnóstica até o último quarto do século dezenove, a Teosofia era desconhecida do mundo Ocidental, exceto por alguns poucos alquimistas, cabalistas, rozacruzes, maçons ocultistas e místicos cristãos. Antes disso, a Teosofia era conhecida e estudada de diversas maneiras, pelos platônicos, pitagóricos, egípcios e caldeus, enquanto que, na Índia e na China, foi preservada através dos tempos com ininterrupta continuidade. A sabedoria dos *Upanishads* e dos *Vedas* é a verdadeira essência do Hinduísmo, Taoísmo e Islamismo. Também é revelada nas Escrituras cristãs por meio de alegorias e símbolos e a sua leitura superficial é que tem impedido os cristãos de per-

---

altura de seu elevado grau de evolução. Esta meta do destino humano é assim descrita por S. Paulo: "Até que todos nos integremos na unidade da fé e no conhecimento do Filho de Deus como um homem perfeito e na medida plena de Cristo" (*Ef.* IV. 13). Alguns Adeptos permanecem na Terra para ajudar a humanidade e são citados por S. Paulo como: "Homens Perfeitos" (*Heb.* XII. 23). Cristo igualmente descreveu o destino do homem em Suas palavras: "Portanto devereis ser perfeitos como vosso Pai celestial é perfeito". (*Mat.* V. 48. R. V.)

ceber seu profundo significado. A Sociedade Teosófica, fundada em Nova Iorque em 1875, uma "reencarnação" de inúmeros movimentos similares do passado, é um dos muitos canais que, de tempos em tempos, foram escolhidos pelos Mentores da raça para a transmissão ao homem desta Sabedoria Antiga. Os teósofos têm oportunidade de estudar, viver e apresentar ao mundo as eternas verdades, adaptadas ao pensamento moderno.

Apesar dos meios de apresentação poderem variar, a Teosofia em si, sendo totalmente verdadeira, é imutável e eterna. O estudo comparativo das religiões[2] revela a existência de certas doutrinas que são comuns a todas. Apesar de formulados de modo diferente em cada uma delas, tais ensinamentos, quando reunidos num todo, constituem um corpo básico de verdade revelada, que pode ser estudado independentemente de todos os sistemas religiosos. Cada religião revela um arco do círculo da sabedoria eterna. A Teosofia constitui o círculo completo da Verdade, apesar de ter sido só parcialmente revelada ao homem. Através dos tempos, sob a direção dos Guardiões do conhecimento e de seus respectivos poderes, alguns aspectos da Eterna Sabedoria são revelados ao homem por meio de religiões e filosofias universais.

O grande e prático valor da Teosofia consiste na revelação do significado e propósito da existência humana, que, sem ela, constituiria um desesperançado enigma desafiando solução. Um enigma pode ser resolvido por dois métodos. Um é o da tentativa e do erro, procuran-

[2] Veja: *Sete Grandes Religiões*, Annie Besant, Ed. Teosófica, 2011. Brasília-DF. (N.E.)

do encaixar os vários fragmentos, na esperança de que combinem finalmente. Este método é vagaroso e insatisfatório, especialmente na tentativa de solver os problemas da vida. O outro, mais aconselhável, é baseado no prévio conhecimento da posição que os diversos fragmentos ocupam dentro do esquema. A Teosofia fornece este conhecimento e revela o devido lugar de cada indivíduo e de cada acontecimento dentro do plano evolucionário.

De alguma maneira a vida se assemelha a uma peça de tapeçaria. Pouco distinguimos no seu reverso além dos emaranhamentos, nós, cores mal definidas e uma confusão geral. Entretanto, o exame do verso revela todo o seu desenho, mostrando que a confusão é aparente, porque toda a justaposição é essencial para a formação do desenho. O mesmo acontece com a aparente confusão nas vidas dos indivíduos e das nações. A Teosofia revela o plano da vida e traz, assim, a serenidade mental para aqueles que se dedicam ao seu estudo, possibilitando-lhes uma compreensão inteligente de sua finalidade.

O estudante de Teosofia deve estar prevenido de que a mente humana, sendo finita, não pode compreender amplamente a Verdade abstrata, que é infinita. O poder humano de compreensão aumenta na medida do desenvolvimento intelectual. A Verdade parece que muda, da mesma maneira que uma montanha da qual gradualmente nos aproximamos e contemplamos de diferentes pontos de vista. Entretanto, a montanha em si é relativamente imutável como o é a eterna Verdade. Como a Teosofia é uma Verdade absoluta nunca será possível uma afirmação teosófica final. Nenhum instrutor teosófico pode legitimamente fazer pronunciamentos autoritários. Portanto, na Sociedade Teosófica a opinião é livre, excetuando-se talvez a fraternidade humana, que tende a ser considerada mais como um fato da Natureza do que como um dogma a ser imposto. Com exceção disso, nenhum pronunciamento teosófico é condicionado a outro e nenhuma afirmação é considerada como representando uma Verdade final.

A Sociedade Teosófica é descrita oficialmente como sendo "composta de estudantes, pertencentes a qualquer das religiões ou a nenhuma delas, unidos pela aprovação dada aos seus três objetivos proclamados: remover antagonismos religiosos, unificar os homens de boa vontade, independente de suas opiniões religiosas, e estudar as verdades religiosas, compartilhando os resultados de seus estudos entre si. O seu traço de união não é o de professar um credo comum, mas sim uma busca e aspiração comuns pela Verdade. Eles defendem o princípio de que a Verdade deve ser procurada pelo estudo, pela meditação, pela pureza de vida e pela devoção a ideais elevados. Consideram a Verdade como um prêmio a ser conquistado e não como um dogma imposto autoritariamente, que a crença deve ser o resultado do estudo ou da intuição individual e não o seu antecedente, que deve basear-se em conhecimento e não em asserção. Eles estendem a tolerância a todos, mesmo aos intolerantes, não como um privilégio que outorgam, mas como um dever que cumprem, assim como procuram remover a ignorância em vez de puni-la. Consideram qualquer religião como uma expressão da Sabedoria Divina e preferem seu estudo à sua condenação e à prática de proselitismo. A Paz é o seu mecanismo, assim como a Verdade é o seu alvo.

"A Teosofia é o corpo de verdades que forma a base de todas as religiões e que não pode ser reivindicado como posse exclusiva de nenhuma delas. Oferece uma filosofia que torna a vida inteligível e que demonstra a justiça e o amor que guiam a sua evolução. Coloca a morte em seu devido lugar, como um incidente periódico de uma vida infinita, que abre as portas para uma existência mais radiante e completa. Reintegra no mundo a Ciência do Espírito, ensinando ao homem a conhecer o Espírito como ele próprio e a mente e o corpo como seus servos. Ilumina as Escrituras e as doutrinas das religiões, revelando seus significados ocultos, e, assim, justificando-as perante o tribunal da inteligência, como sempre o são aos olhos da intuição".

Em 23 de dezembro de 1924, o Conselho Geral da Sociedade Teosófica aprovou a seguinte Resolução, afirmando a liberdade de pensamento dentro da Sociedade:

"Considerando que a Sociedade Teosófica expandiu-se amplamente por todo o mundo civilizado e que pessoas de todas as religiões tornaram-se seus membros, sem abandonar os dogmas fundamentais, ensinamentos e credos de suas respectivas crenças, é oportuno ressaltar o fato de que não existe doutrina ou opinião, firmada ou ensinada por quem quer que seja que, de alguma maneira, não possa ser livremente aceita ou rejeitada por qualquer membro da Sociedade. A única condição de filiação é a aprovação de seus três objetivos. Nenhum instrutor ou autor, a começar por H. P. Blavatsky, tem qualquer autoridade para impor aos membros os seus ensinamentos ou opiniões. Todo membro tem igual direito de ligar-se a qualquer instrutor ou escola de pensamento de sua escolha, porém não tem direito de impingir esta sua escolha a ninguém. Nenhum candidato a uma função, nem qualquer eleitor, pode ser considerado inelegível a cargos ou a votar, como consequência de alguma opinião que possa alimentar ou por causa de sua filiação a qualquer escola de pensamento. As opiniões ou crenças não outorgam privilégios nem infligem penalidades. Os integrantes do Conselho Geral seriamente solicitam a cada membro da Sociedade Teosófica manter, defender e agir dentro destes princípios fundamentais da Sociedade, assim como o de exercer, destemidamente, os seus próprios direitos de liberdade de pensamento e de expressão, dentro dos limites de cortesia e consideração a todos".

Apesar desta completa ausência de dogmatismo, que deverá ser a característica de todas as exposições teosóficas, existe um corpo geral de ensinamentos, uma síntese das doutrinas comuns das filosofias e religiões, antigas e modernas, que, na prática, geralmente são aceitas "uma vez que pareçam verdadeiras".

Além do desenvolvimento e uso de poderes supersensoriais como meio de investigação, o estudante que pretenda estudar qualquer ensinamento teosófico deve, primeiramente, fazer a seguinte pergunta: "Parece verdadeiro?"

Se resultar numa resposta afirmativa, tais ensinamentos devem ser aceitos como uma premissa hipotética de investigação até que um maior conhecimento aprove ou desaprove os mesmos. No caso de qualquer afirmação "não lhe soar bem", três caminhos são abertos ao estudante. Poderá rejeitar, ignorar ou suspender o julgamento até que, pelo seu próprio treinamento, desenvolva a capacidade de descobrir os fatos por si mesmo. O último destes três caminhos parece ser o mais aconselhável. Assim, a atitude mental dentro da qual a Teosofia deverá ser estudada é aquela do cientista, ou seja, a aceitação de uma bem amparada teoria como uma hipótese experimental, até que possa ser provada, desaprovada ou substituída.

Os livros de Madame H. P. Blavatsky constituem a fonte primária de informação teosófica na literatura moderna. Apesar de infamada como charlatã por aqueles que nunca investigaram a sua vida ou compreenderam o seu trabalho literário, esta grande dama é reverenciada por dezenas de milhares de estudantes de Teosofia como uma portadora de luz ao mundo moderno. Eles acreditam que ela foi escolhida para esta missão pelos Mestres[3] que, através das idades, têm sido igualmente os Guardiães e Reveladores da Teosofia ao homem. Estes Adeptos utilizaram Madame Blavatsky como um amanuense e, com o seu auxílio, deram em nosso tempo a Teosofia ao mundo. Foram utilizados dois métodos principais. Um deles consistia numa completa e consciente clarividência e telepatia

[3] Veja: *Os Mestres e a Senda*, C. W. Leadbeater. Ed. Teosófica, em lançamento. Brasília-DF.

mental. Ela tornou-se grandemente capacitada para isso como resultado de um treinamento a que se submeteu sob a direção Deles. O outro método foi o da materialização oculta de cartas escritas por Eles ou pelos Seus discípulos, também sob a direção desses Adeptos.

Pelo primeiro método Madame Blavatsky produziu seus dois grandes trabalhos: *Ísis Sem Véu* e *A Doutrina Secreta* – cada um dos quais constitui uma quase inesgotável fonte de sabedoria e conhecimentos esotéricos. Pelo segundo, o Sr. A. P. Sinnett, naquele tempo (1880) o editor do mais importante jornal da Índia, "The Pioneer", obteve o material para os seus livros, *O Mundo Oculto*[4], *Budismo Esotérico* e *O Despertar da Alma*. Estes autores foram seguidos por muitos outros, notavelmente a Dra. A. Besant e o Bispo C. W. Leadbeater, os quais, em complemento ao recebimento de instruções diretas dos Mestres, foram por Eles treinados no desenvolvimento e uso de poderes ocultos como meios de pesquisa. É imensa a subsequente contribuição que deram ao conhecimento humano.

Dr. G. S. Arundale e Sr. C. Jinarajadasa, quarto Presidente da Sociedade Teosófica, escritores e líderes teosóficos altamente respeitados, também deram a sua própria e valiosa contribuição. O último coletou e publicou muitas cartas dos Mestres ao Sr. Sinnett e a outros, em três volumes, intitulados *Cartas dos Mestres de Sabedoria*, Séries I e II[5], e *As Cartas de K. H. a C. W. Leadbeater*. O leitor interessado poderá recorrer a essas várias fontes que são as

[4] Editora Teósofica, 1ª edição, 2000. Brasília-DF. (N. E.)

[5] Editora Teósofica, 2ª edição, 2010. Brasília-DF. (N. E.)

bases da maior parte das afirmações contidas neste livro. Admitindo que elas sejam de ordem geral e incompletas, cada uma das minhas principais afirmações deveria ser precedida de ressalvas tais como "conforme meus limitados conhecimentos". Mas como isso seria monótono, peço que seja considerado como implícito neste estudo teosófico dos temperamentos humanos.

GEOFFREY HODSON

## Capítulo 2

# O Significado do número

À medida que aumenta o nosso conhecimento sobre a natureza humana, não podemos deixar de ficar impressionados com a grande diversidade de seus dotes, com a riqueza de individualidades da humanidade, com a quase infinita variedade de seres humanos e com a complexidade de sua natureza. Na Humanidade estão englobados o explorador intimorato e a branda freira, o soldado e o eremita, o monge e o recluso, o político, o negociante, a mulher exteriormente ativa nos assuntos mundanos, o cientista e o estudante, ambos imersos em suas investigações. Todos esses e muitos outros tipos diversificados e opostos concorrem para a constituição da humanidade. Existe uma chave por meio da qual a natureza humana possa ser compreendida, e esta infinita variedade e vasta potencialidade do homem possam ser apreendidas e organizadas? A Teosofia diz que sim e acrescenta que a chave é numérica, sendo sete os números governantes.

Assim, existem sete tipos básicos de seres humanos, cada qual com seus atributos naturais característicos e qualidades. Todas as qualidades e poderes estão dentro de cada ser humano, porém existe uma tendência preponderante para cada um dos sete tipos básicos. O conhecimento destes sete tipos e de seus atributos correlatos fornece uma chave para a compreensão da natureza humana. Uma vez que esta chave é de ordem numérica, torna-se necessário primeiramente explicar o ensinamento teosófico no que concerne à progressão numérica em cosmogênese. Numericamente, a Força ativa de toda a vida e forma é representada pelo número Um e a fonte passiva, a existência negativa, o Absoluto, pelo Zero. Nada. De acordo com a cosmogonia oculta, o próximo passo no processo criativo, partindo do Um, é a emergência de Seus aspectos inerentes, positivo e negativo, e de Suas potencialidades, masculina ou feminina.

O Um torna-se Dois, ou andrógino. Estes Dois se unem para produzir o Terceiro Aspecto do tríplice Logos[6] manifestado. Esses três, por sua vez, unem-se em todas as suas possíveis combinações para produzir sete grupos de três. Em três destes grupos predomina um dos três. Em outros três predominam dois e, no sétimo, todos estão igualmente manifestados. Uma vez que a consci-

[6] LOGOS. A Deidade manifestada que emite a Palavra criadora por meio da qual os universos se concretizam e se expressam. A vida da Causa sem Causa, que sempre está oculta. (Adaptado de *A Doutrina Secreta* e do *Glossário Teosófico*, H. P. Blavatsky.)

ência divina está focalizada e ativa em cada uma dessas Emanações, elas passam a ser olhadas como Seres finitos ou "Pessoas". Destas Três Pessoas da Santíssima Trindade emergem os Sete, que são conhecidos na Cosmogonia cristã como os Sete Poderosos Espíritos ante o Trono. No Judaísmo são conhecidos como os Sete Saphiroths e em Teosofia como os Sete *Logoi* Planetários, sendo cada um o Logos de um Esquema de sete Cadeias de globos[7].

O braço humano pode ser utilizado como uma analogia para esta base numérica ou manifestação. O braço, em si, é um membro único, mas ao mesmo tempo setenário. Primariamente consiste de três partes: braço, antebraço e mão; apesar de uno também é tríplice. A mão, entretanto, tem cinco dedos que juntos com o braço e o antebraço, perfazem sete partes, cada uma delas com as suas funções próprias, tal como os Sete Poderosos Espíritos ante o Trono.

Assim, a Teosofia ensina que toda a manifestação divina de Poder, Vida e Consciência, bem como todas as Mônadas[8] humanas, ou Espíritos, são irradiados da Fonte Única e passam através do Três e do Sete. Em sua passagem através do Três e do Sete, estas três Emanações do Logos — Poder, Vida e Consciência divinos — ficam "marcadas" com a qualidade especial de cada Uma das Três "Pessoas" e com as dos Sete Anjos, através dos quais também passam. Ficam sintonizadas com suas frequências vibratórias ou acordes e matizadas com as suas cores

[7] Veja: *Primeiros Princípios de Teosofia*. C. Jinarajadasa.

[8] MÔNADA. O nosso Eu indivisível – a unidade. O Espírito humano eterno, imortal e indestrutível. Veja Capítulo 10.

particulares. A cor do espectro e o atributo divino, que cada um destes Anjos (Saphiroths) representa, ficam acentuados em cada Raio Monádico[9] projetado e, depois disso, predominam sobre os outros seis.

O universo é setenário e as notas do seu acorde são em número de sete. Cada nota representa tanto um modo de manifestação do Supremo como uma verdade eterna. As sete notas são explicadas de várias maneiras. A primeira e a sétima são o Alpha e o Ômega da Vida manifestada; são o primeiro e o último; o centro e a circunferência contendo o todo.

O primeiro é a Fonte primordial, o ponto, o poder positivo do universo. No Logos, é a onipotência e no homem, é a vontade. A sétima nota é a primeira em sua expressão final. É poder em ação, vontade em movimento, onipotência manifestada.

O centro relativamente estático tornou-se a esfera ativa, mas, no entanto, os dois são um. Dentro do universo, a sétima é material físico, o Sol, os globos e todas as coisas evoluem a seu redor. No Logos, é o universo e no homem, é o corpo físico. Na manifestação, o Um Espiritual tornou-se multiplicidade material. Pelo fato do conhecimento da diversidade levar ao conhecimento do Um, o homem é colocado entre as múltiplas expressões do Um, para que por meio do seu conhecimento, possa encontrar e conhecer o Um Absoluto.

Partindo do Um, ele vai adiante, inconsciente de nada a não ser do Um, até chegar ao múltiplo. Do múltiplo ele

[9] Ibid., Capítulo 10.

retorna autoconscientemente para o Um. A segunda e a sexta nota, representando, respectivamente, a Vida e sua expressão, também são pares. A Vida é toda penetrante, onipresente, o princípio unificador do universo, o Sol Espiritual. Sua expressão é definida como sendo o princípio vital na matéria, o princípio vitalizador na Natureza, o Sol físico. No universo, a segunda nota é a Vida, no Logos é onipresença e no homem é amor. No homem desenvolvido ou espiritual é sabedoria e amor universal, do qual emanam compaixão e serviço desinteressado. A sexta nota, no universo é forma, contorno, matéria organizada. No Logos, é o Seu "corpo" universal, com o seu coração de fogo – o Sol – cujo princípio doador de vida aparece como fogo róseo e, na Terra, como um átomo de vitalidade solar. No homem comum é a pertinência e no homem desenvolvido é a devoção inspirada.

A terceira e a quinta nota representam atributos complementares. A terceira é o campo de interação entre o espírito e a matéria, a vida e a forma. Os princípios que governam a manifestação do Espírito e da Vida através da matéria e da forma, os Arquétipos de todas as formas resultantes, a verdade e as chaves do conhecimento – tudo isso está ligado pela terceira. No universo, a terceira nota é a energia criadora dirigida pela Mente Universal. No Logos, é o princípio feminino passivo, o ventre, no qual todas as formas são concebidas e do qual tudo nasce.

No homem comum, é a consciência e o idealismo, a moralidade e a verdade. No homem desenvolvido, aparece como compreensão e inteligência abstrata, das quais nasce a intuição espiritual. A quinta nota é a expressão temporal daquilo que é perpétuo, ou seja, o progressivo desenvolvimento da forma de um Arquétipo. No universo é o processo evolutivo, o crescimento. No Logos é o tempo. No homem comum, é o cérebro e a inteligência analítica; no homem desenvolvido, assemelha-se a uma lente de cristal através da qual os princípios da terceira nota são projetados como Raios e são por ela focados para dentro do cérebro como iluminação, genialidade e inspiração.

A quarta nota é a unidade do meio, o pivô, o ponto de apoio, o ponto estável de descanso, o mais baixo ponto na vibração do pêndulo da Vida entre os três pares de opostos primordiais. É o estado de perfeita inter-relação, de equilíbrio, da mais alta arte de autoexpressão, de harmonia entre Vida e forma, veículo e consciência. É o ponto de descanso no qual o pêndulo da Vida manifestada faz uma pausa aparente na sua permanente oscilação entre Espírito e matéria. Nesta "pausa momentânea" de estabilidade final e de perfeito equilíbrio, é revelada a beleza do Supremo. No universo é a beleza da Natureza, no Logos é a Autobeleza. No homem comum, torna-se o amor pelo belo e no homem desenvolvido, é a faculdade de perceber e retratar a beleza do Supremo.

A característica essencial da quarta nota é a escuridão, o sossego, o equilíbrio, tal como uma noite criadora antecedendo uma alvorada também criadora. A germinação física, mental ou espiritual exige a cobertura de um manto de escuridão. Assim, também, na produção de um trabalho artístico, o verdadeiro artista retira a sua consciência da luz do dia para a obscuridade da noite criativa dentro de si mesmo, para o silêncio equilibrado dentro do qual é concebida a sua criação. Em qualquer ramo das artes, o artista-criador deve ter atingido o equilíbrio. Esta é a lei da criação, quer de universos, sistemas solares, planetas, homens, como de trabalhos artísticos humanos. Neste silêncio mental, é conseguida a verdadeira visão ou percepção, sem a qual toda arte é inexpressiva.

Somente quando o artista encontrou aquele estado e entrou dentro dele é que o fogo do gênio desce com todo o seu poder de Pentecostes. À medida que o estudante contempla cada uma das sete notas, identifica-se com uma sétima parte do Todo e mergulha sua consciência nela. Posteriormente, ele toca intercaladamente todas as sete notas, ouve meditando cada uma delas e fica envolvido por cada uma. Finalmente, através de cada uma, ele torna-se o Todo, o homem de sete naturezas, conscientemente único, integra-se no universo sétuplo. Esta é a meta. Verdadeiramente sábio é aquele que, pela contemplação, conhece e compreende este sétuplo universo — estas sete grandes notas, tanto separadamente ou como sendo um único acorde. Ele as conhece como as sete chaves da Vida que abrem todas as portas para a Verdade — Verdade que está guardada dentro do templo da Natureza.

A sétupla classificação pode ser encontrada em todos os reinos da Natureza, inclusive no super-humano e no angélico. Neste trabalho, são consideradas principalmente as Manifestações do Um, do Três e do Sete como faculdades e temperamentos humanos, apesar de que também são prestadas algumas informações com referência à cor, à joia e a outras correspondências. Cada Raio é considerado separadamente e, à luz da Teosofia, são feitas algumas sugestões concernentes a suas relações com os Aspectos da Santíssima Trindade, as principais qualidades do caráter e do tipo humano, as mais altas e mais baixas manifestações, o método de obter resultados pelo estudo dos diferentes tipos de Raios, das falhas de caráter, do correspondente corpo ou princípio do homem, da cor, da pedra e do símbolo.

Conforme será explicado mais adiante, é raro o tipo de Raio puro. A regra é a de misturas com a consequente modificação do ideal, temperamento e método. Entretanto, para efeito de estudo, são descritos alguns tipos de Raios relativamente puros. A posição evolucionária ou a "idade" do Eu Espiritual geralmente decide o grau no qual as qualidades e virtudes do Raio são demonstradas, assim como são superadas as falhas e as limitações. Como regra geral, quanto mais adiantado está o Ego[10], tanto mais facilmente discernível é o Raio primário dentro da personalidade.

---

[10]EGO. O "Ser", a tríade unificada. *Ātmā -Buddhi-Manas*, ou a dualidade (*dyad*). *Ātmā -Buddhi*, aquela parte imortal do homem que reencarna e gradualmente progride para a meta final – o *Nirvāna*. Também, a consciência, no homem, do "Eu sou Eu", ou, ainda, a sensação de 'ser'. A Filosofia Esotérica ensina a existência de dois Egos no homem, o mortal ou pessoal e o mais elevado, o Divino e Impessoal, chamando o primeiro de "personalidade" e o último de "Individualidade". Adaptado do Glossário Teosófico, H. P. Blavatsky. [Ed. Ground, 1995, São Paulo-SP. (N.E.)]

## Capítulo 3

# O primeiro raio

O primeiro Raio corresponde ao Primeiro Aspecto, Deus, o Pai, o Criador. As qualidades preponderantes dos homens do primeiro Raio são: vontade, poder, força, coragem, determinação, liderança, independência, dignidade, que pode eventualmente atingir a majestade, ousadia e habilidade executiva. Este tipo de homem é o governante e líder natural, o estadista, o construtor de Impérios, o colonizador, o soldado, o explorador e o pioneiro. Alexandre, o Grande, era tipicamente deste Raio, quando clamava por mais mundos para conquistar.

Nos primeiros estágios da evolução, estas atividades são principalmente físicas. Nas últimas, tornam-se mentais e espirituais. A vontade então é exercida, não tanto como um esforço pessoal e violento, mas como uma expressão natural e suave da Vontade Una.

O ideal do Raio é a força e o homem do primeiro Raio aprecia muito a presença desta qualidade, chegando a ter a tendência de julgar toda conduta e conquista, de acordo com a força empregada. Luta até o fim e é capaz de relevar quase qualquer conduta, se vislumbrar nela a qualidade de força. Para ele é difícil tolerar a fraqueza sob qualquer forma, tendendo a menosprezar aqueles que a demonstram. Deus, ou o mais alto bem, para ele é o Princípio do Poder em todas as coisas. Considera a fraqueza e a rendição como sendo os maiores males. O impulso natural é o de conseguir e conquistar, e muitas vezes se observa que tais homens apresentam seu melhor desempenho na adversidade. A mais alta conquista é a vitória e a maior experiência interior provém da satisfação de poder, mando e domínio.

O método mais natural do primeiro Raio para obter resultados é o de evocar de dentro de si mesmo uma grande força de vontade, a fim de se determinar a ter sucesso a qualquer preço, recusando-se a considerar a possibilidade de derrota. Desatento à fadiga, chegando ao ponto de exaustão extrema, o homem do primeiro Raio exerce grande pressão mental e física sobre si mesmo e sobre os outros e, quando necessário, transpõe e destrói rudemente todas as barreiras e obstáculos. Como professor, valoriza a confiança própria, tanto na obtenção de conhecimento, como no estilo de vida. É convincente ao incutir as verdades que devem ser ensinadas e deixa os discípulos por conta própria, tanto quanto possível.

A apoteose é a onipotência ou tornar-se conscientemente uno com a vontade divina, pois à medida que se eleva às alturas espirituais, deve renunciar ao desejo individual pela Vontade divina. O propósito imediato de toda a vida humana é a evolução espiritual, intelectual e física, até chegar à estatura do homem perfeito, e o último objetivo do homem do primeiro Raio é o de ocupar uma alta posição na direção espiritual da vida das nações, dos planetas e dos sistemas solares. Cada vida, portanto, é um aprendizado e uma preparação para funções a serem exercidas no futuro. A passagem do homem através da ignorância, impotência, transgressão e consequentes sofrimentos, a fim de obter a sabedoria, poder, felicidade perene e paz, parece ser a indicada nas palavras de Tennyson:

> "Primeiro Ato, esta Terra, um palco tão obscurecido com o sofrimento.
> Todos estais cansados das mutáveis cenas.
> Contudo, sejais pacientes. O Nosso Autor poderá mostrar, "Em algum quinto Ato, o que este selvagem Drama significa".

Neste trabalho é feita uma lista das falhas apresentadas pelos componentes de cada um dos sete tipos de Raios, nos primeiros estágios da evolução, porém, sem a menor parcela de julgamento e sem nenhum pensamento de crítica ou denúncia. Atualmente, a raça humana neste planeta está apenas um pouco além da metade do caminho de sua evolução. Embora magníficas qualidades e grandes virtudes já tenham surgido, é inevitável que também apareçam os seus opostos.

Entre falhas do primeiro Raio, apresentadas nos primeiros estágios da evolução, estão a crueldade, a ferocidade, a teimosia, o orgulho, a arrogância e a inadaptação, sempre prontas para atuar unicamente nos assuntos de interesse pessoal, a indiferença e, mesmo o desdém, em relação às opiniões, aos direitos e sentimentos alheios, a tirania e a sede de poder, o egoísmo, a teatralidade, a extravagância, a agressividade, o capricho, a atitude de superioridade, de individualismo, de rigidez mental e de pronunciamentos finais sobre os assuntos debatidos, com o encerramento do caso, proibindo a sua discussão. O dogma, ou uma exposição supostamente autoritária, é usado como uma "pancada" para reduzir ao silêncio as mentes inquiridoras, até mesmo à custa da verdade e da razão. O reconhecimento da importância da autoridade na manutenção da ordem poderá levar as pessoas do primeiro Raio a utilizarem, tanto a influência pessoal de sua posição como o dogma, a fim de proibir maiores investigações. Isso é feito, consciente ou inconscientemente, para esmagar a oposição ou restaurar o prestígio e o domínio pessoais. O maior sofrimento é o experimentado com a derrota, rebaixamento da posição, remoção, humilhação, subordinação e exílio. Dos setes princípios do homem[11], o

---

[11]Veja *O Homem e os Seus Corpos* e *Os Sete Princípios do Homem*. A. Besant. Estes sete princípios são descritos de várias maneiras. Uma delas é: Vontade Espiritual, Sabedoria Espiritual, Inteligência, o *antahkarana* ou ponte, o mental, o emocional e o físico. Essa é a classificação usada neste livro.

da Vontade Espiritual ou *Ātmā*[12] influencia o caráter e a conduta do homem do primeiro Raio. A cor espectral, que a aura geralmente apresenta, é o branco matizado com o azul elétrico, no nível Egoico, e o vermelho brilhante, na aura pessoal. A pedra é o diamante e o símbolo é o do Primeiro Aspecto do Logos, o Criador, o Um Único, o círculo com um ponto no centro. Das artes, a dança representa o primeiro Raio e aqueles em quem este Raio predomina, quer pratiquem ou não essa modalidade de arte, serão os mais provavelmente inclinados a reagirem a seu apelo e a serem influenciados mais por ela do que por quaisquer outros ramos das artes. A escolha do meio e do método artísticos por este Raio parece ocorrer igualmente em todos os outros Raios.

Entre as religiões do mundo, o Hinduísmo apresenta as características do primeiro Raio. Nas Escrituras hindus, Deus, em um Aspecto, é representado como um Divino Dançarino e a criação, preservação e regeneração do universo como uma contínua dança cósmica. O primeiro Raio predomina na doutrina e ética do Hinduísmo e o sétimo nas suas cerimônias e nos seus *mantras*[13]. A evocação e a transmissão do poder espiritual e a insistência sobre um alto código de ética, ou *dharma*, conforme consta da

[12] *ĀTMĀ* – O sétimo Princípio do homem e, nele, a mais elevada expressão da Mônada divina. A mais recôndita essência do universo e do homem. (*A Doutrina Secreta* [Ed. Pensamento. São Paulo-SP. (N.E.)] e *O Glossário Teosófico*, [Ed. Ground. São Paulo-SP. (N.E.)] H. P. Blavatsky).

[13] *Mantras:* Palavras e sentenças de poder, cientificamente escolhidas e compiladas, as quais, quando cantadas, liberam energias potentes.

Regra Dourada, enunciada nas "Leis do *Manu*"[14], representam a influência e a ação do primeiro Raio.

Se um esquema dos sete Raios for dobrado, usando o quarto como gonzo, as colunas horizontais do primeiro e do sétimo Raios entrarão em contato entre si, e então serão reveladas as naturais correspondências entre estes Raios. O sétimo Raio pode ser considerado como uma formalização do primeiro ou como representando o poder em ação. Cristo mostrou perfeitamente as qualidades destes dois Raios quando, em virtude de Seu poder e de Seu conhecimento, Ele acalmou a tempestade com as palavras "Seja feita a Paz"[15], como também quando produziu os fenômenos sobrenaturais, erradamente chamados de milagres. O Rei Arthur representa o Cristo no Seu aspecto de primeiro Raio, como Rei Espiritual.

As qualidades do primeiro Raio são apresentadas no caráter, nas palavras e ações de muitos líderes famosos. Aqui estão alguns exemplos:

## MÃOS AO ALTO

"Uma noite, na década de 1920, quando o General MacArthur era Superintendente de West-Point, ele e um segundo-tenente voltavam de automóvel, de Nova Iorque para a Academia Militar. Num trecho isolado da estrada, dois bandidos mascarados pararam o carro. Sacudindo

[14] *Manu:* O grande legislador indiano, quase um Ser Divino. (*Glossário Teosófico.* H. P. Blavatsky).

[15] *Marcos* IV, 39.

as pistolas, abriram a porta e ordenaram "mãos ao alto". Instintivamente, o tenente levantou os braços, mas ficou surpreso ao ver MacArthur, sentado, calmamente, com os braços cruzados sobre o peito. "Mão ao alto!", grunhiu o bandido ameaçadoramente. MacArthur não se moveu. "Eu sou um general de brigada do Exército norte-americano" — disse ele — "e ninguém poderá forçar-me a levantar as mãos"! O bandido, com sua confiança certamente diminuída, abaixou sua arma inseguro. Depois, sem nada dizer, saiu e bateu a porta do carro". — Mary Van Rensselser Thayer, no Washington Post.

Em suas Memórias de Guerra, Winston Churchill escreve, de modo interessante, sobre o uso certo do poder político:

"Na minha longa experiência política, lidei com a maioria dos grandes chefes de Estado, mas prontamente admito que o posto que agora ocupo é um dos que mais gosto. O poder, com o propósito de ser exercido sobre o nosso semelhante ou por orgulho pessoal, é certamente condenável. Porém, numa crise nacional, este poder torna-se uma bênção, quando quem o exerce acredita que conhece quais são as ordens que devem ser transmitidas.

Em qualquer esfera de ação, não pode haver comparação entre as posições do número um e as dos números dois, três ou quatro. Os deveres e problemas de todas as outras pessoas são bem diferentes e, em muitos casos, mais difíceis do que os do número um.

É sempre lamentável quando o número dois ou três tem que iniciar algum plano dominante ou político. Ele terá que considerar, não somente os méritos da política, mas também a mentalidade do seu chefe; não somente o que aconselhar, mas também o que, na sua posição, é realmente aconselhável; não só o que fazer, mas também como conseguir aprovação e como fazê-lo. Além disso, os números dois ou três terão que lidar com o número quatro, cinco, seis ou, talvez, algum brilhante e intrometido número 20.

A ambição reluz em qualquer mente, não somente para fins vulgares como visando à fama. Existem sempre vários pontos de vista que podem estar certos e muitos que são plausíveis. Eu me prejudiquei em 1915, nos Dardanelos, e um empreendimento importante foi perdido, por eu ter querido realizar uma operação de guerra importante e decisiva, ocupando uma posição subalterna. Os homens estão mal inspirados, quando correm tais riscos. Esta lição calou fundo dentro de mim".

A qualidade de lutar até o fim, característica do primeiro Raio, é revelada nas famosas palavras de Winston Churchill, pronunciadas quando as esperanças da Grã-Bretanha estavam no mais baixo nível, nas primeiras fases da Segunda Guerra Mundial:

"Mesmo que grandes áreas da Europa e muitos países velhos e famosos caiam ou venham a cair nas presas da Gestapo e de todos os odiosos instrumentos do governo nazista, não arriaremos a bandeira, nem fracassaremos. Iremos até o fim. Lutaremos na França, lutaremos no mar e nos oceanos, lutaremos com crescente confiança e força no ar; defenderemos a nossa Ilha, qualquer que seja o custo; lutaremos nas praias, lutaremos nos pontos de desembarque, lutaremos nos campos e nas ruas, lutaremos nas montanhas. Nunca nos renderemos. Mesmo se esta Ilha ou uma grande parte dela for subjugada e cair na miséria, o que não acredito nem por um momento, então, o nosso Império ultramarino, armado e guardado pela Frota Britânica, continuará com a luta até que, apraza Deus, o Novo Mundo, com todo o seu poder e importância, tome providências para a salvação e libertação do Velho Mundo".

Scott, o Explorador do Antártico, foi considerado como "um esportista invencível forte e indomável". A ordem do Dr. Wilson a Oates, quando os seus pés estavam ficando insensíveis, foi a de "Golpeia rijo, golpeia rijo"!, e a brava ação deste último preferindo caminhar contra a nevasca, em direção à morte, do que constituir mais um sério fardo para os seus companheiros, é típico do primeiro Raio, como também o ideal do referido explorador: "Lutar, procurar, encontrar e não reclamar"[16]. A respeito de Shackleton foi escrito: "Quando você estiver numa situação desesperadora, em que parece não haver mais salvação, ajoelha-te e reza por Shackleton".

O *Time*, de 10 de janeiro de 1949, noticiou palavras e atitudes do General George Patton que exemplificam o tipo do homem do primeiro Raio:

"Como tantos militares, o falecido General George Patton era piedoso, apesar de profano. Também era um comandante autoritário, que não hesitava em comunicar ao Todo Poderoso que espécie de cooperação esperava. Quando o mau tempo impediu o seu avanço, antes da Batalha de Bulge,

[16]ULYSSES, por Tennyson.

um dos membros do seu estado maior contou que ele mandou chamar o Capelão do Terceiro Exército, James H. O'Neil, a quem disse: "Capelão, desejo que publique uma prece pedindo bom tempo... Veja se podemos fazer Deus trabalhar do nosso lado". O capelão hesitou, mas Patton berrou: "Capitão, você está me ensinando teologia ou está sendo o capelão do Terceiro Exército? Eu quero uma prece"! A prece, impressa com uns votos de Feliz Natal, foi distribuída às tropas".

Atributos do primeiro Raio foram demonstrados pelo rei George V e constam do livro "O Rei George, Sua Vida e Seu Reinado", da autoria de Sir Harold Nicolson. Entre as muitas e grandes qualidades do falecido rei George V, havia a tendência de dirigir os integrantes de sua família como se fossem membros de uma tripulação, da qual ele era o chefe e comandante. Seus filhos tinham muito medo dele e sempre concordavam com tudo o que dizia. Quando o Duque de York (mais tarde George VI) desposou Lady Elizabeth Bowes-Lyon, seu pai escreveu-lhe:

"Sempre fostes tão sensível e tão disposta a aceitar meus conselhos e a concordar com as minhas opiniões sobre as pessoas e as coisas, que eu creio que sempre tivemos um ótimo relacionamento".

Isso exemplifica o hábito do primeiro Raio de avaliar as pessoas de acordo com o grau de aceitação de seus conselhos e concordância com suas opiniões.

## Capítulo 4

# O segundo raio

O segundo Raio corresponde ao Segundo Aspecto da Santíssima Trindade – Deus Filho – o Preservador. As qualidades especiais deste Raio são: sabedoria, amor, intuição, compreensão, filantropia, senso de unidade, empatia espiritual, compaixão, lealdade e generosidade. É o tipo de homem sábio, filantropo, reformador, professor, inspirador, humanitário, curador e servidor da humanidade, imbuído de um amor universal que, muitas vezes, transborda para os reinos inferiores da Natureza.

Froebel, o grande educador e reformador do século passado, que criou a palavra "Jardim de Infância", assim como Madame Montessori, constituem esplêndidos exemplos de educadores do Segundo Raio, apesar de que ambos também apresentam as qualidades de outros Raios, em grau bastante elevado.

O ideal do homem do segundo Raio é o amor impessoal e universal, baseado no reconhecimento da unidade da vida. Quando altamente evoluído, ele é intuitivo e aspira irradiar sobre o mundo a sabedoria e o amor, sem pensar em compensação ou recompensa, com o objetivo de elevar e inspirar a todos os que forem atingidos. Também procura desenvolver, no mais alto grau, como poderes positivos, o espírito de serviço e as qualidades de pureza, requinte, gentileza, ternura, caridade, boa vontade, benevolência, harmonia e proteção. A lealdade, tanto na amizade como no amor, é uma de suas maiores virtudes. A amizade é uma verdadeira religião e a lealdade sua mais alta expressão, especialmente diante do fracasso e da deslealdade. A frase: "O amor não é amor, quando se altera ao encontrar modificações" expressa, parcialmente, o ideal de amor do segundo Raio.

Para o homem do segundo Raio, Deus é o Princípio da Sabedoria, do amor universal, irradiador e do autossacrifício, sendo o ato da Criação Divina um contínuo, voluntário e sacramental sacrifício, no qual o Criador perpetuamente entrega a Sua Vida, para que todos possam viver. É levado em consideração toda conduta e realização, na medida em que o homem apresentar essas qualidades e nelas basear-se. É capaz até de perdoar uma conduta má, que tenha sido motivada pelo amor. Isto está bem enunciado nas seguintes palavras:

"Aqueles que trilham o amor podem se afastar, mas Deus sempre os trará para o lugar onde estão os abençoados".

Na verdade, quando bastante desenvolvido, ele é sempre capaz de amar e, consequentemente, perdoar o pecador, mesmo quando está denunciando e combatendo o pecado. Para este tipo de Raio, os maiores males são o ódio, o isolamento, o egoísmo, a crueldade e a deslealdade. O impulso natural é o de salvar, ensinar, servir, curar, compartilhar, dar felicidade, criar e manter a harmonia. Para as pessoas do segundo Raio, a mais alta conquista é a completa realização da unidade e de sua expressão no comportamento. Ampliar o alcance de tal realização e expressão constitui sua preocupação suprema. Também aspiram difundir com sucesso a sabedoria, a fim de iluminar os outros internamente.

O homem do segundo Raio não procura suplantar ou esmagar os seus inimigos, utilizando a superioridade da força. Sempre que possível, prefere dissipar sua inimizade, com a qual sofre intensamente, substituindo-a pela cooperação, conquistar sua simpatia e transformá-los em amigos. Ao defrontar a inimizade da obstrução, ele exercita a intuição e a percepção internas, procurando a autoiluminação. A não resistência e oferecer a outra face são atitudes naturais para ele e seu método de combate é mais o de lutar com o adversário do que o de esmagá-lo. Também está sempre pronto a negociar e prefere um acordo a uma solução imposta.

Como professor, ele gratuitamente oferece todo o conhecimento que possa ser útil, acentua o valor da autoiluminação interior, incentiva o uso da intuição e outorga a felicidade. A qualificação, a natureza pessoal e a motivação de um professor são consideradas muito importantes e a escolha desta profissão deve ser considerada mais como uma verdadeira vocação do que somente como um meio de vida. Ele adverte contra confundir a educação com treinamento, onde são enfatizadas a memória e a imitação. Procura, constantemente, despertar as capacidades inatas de seus alunos, incentivando-os a produzirem especialmente aquilo que é belo.

Para a manutenção do interesse, ele acredita na importância de atividades livres, nas quais as energias sem limite, latentes na criança, por exemplo, possam aflorar sem restrição e sem a chamada maldade. A integração psicológica é considerada como uma parte essencial do processo educativo. As seguintes definições das funções educativas exemplificam as características do segundo Raio:

Spencer:
"Para uma vida perfeita".

Aristóteles:
"Para a felicidade e proveito de todos".

Ruskin:
"A educação não é ensinar às pessoas aquilo que desconhecem, mas ensinar-lhes a comportarem-se da maneira como não se comportam".

Tennyson:
"Autorreverência, autoconhecimento, autocontrole.

Estas três, por si só, conduzem a Vida ao poder Soberano". (Oenone)

A esses ideais educativos ainda pode ser acrescentado: Ajudar o Eu Interno a conseguir uma completa autoexpressão; formar cidadãos esclarecidos; produzir trabalhadores para a prosperidade do mundo, servidores inteligentes de seus semelhantes.

Na Inglaterra, a Escola da Harmonia desenvolve perfeitamente um dos métodos típicos do ensino do segundo Raio. Nessa Escola, durante o curso, cada criança tem um dia de cegueira, um dia de invalidez, um dia de surdez e um dia de mudez. Na noite antecedente ao dia da cegueira, seus olhos são vendados. Ela acorda cega. Necessita de auxílio e as outras crianças a guiam. Por este método, ela apreende o que a cegueira realmente significa. Também aquelas, que ajudam e que já "foram cegas", estão aptas a guiarem e dirigirem a cega com compreensão.

A apoteose para o homem do segundo Raio é a onipresença, que significa estar conscientemente autoidentificado com a Vida Divina, em toda a Natureza e em todos os seres, e, assim, estar misticamente presente em qualquer lugar em que esta Vida se manifeste. O Cristo e o Senhor Buddha são os grandes exemplos desta perfeição retratada nas palavras do Cristo:

"Tudo o que fizerdes ao menor dos meus irmãos, a Mim o fareis".
(*Mat.* XXV 40)

"Eu nunca te condenarei".
(*João* VIII 11)

"Aquele dentre vós que estiver sem pecado, que atire a primeira pedra".
(*João* VIII 7)

"Quando dois ou três estiverem reunidos em Meu nome, eu estarei no meio deles".
(*Mat.* XVIII 20)

"Ama o teu inimigo".
(*Mat.* V. 44 — Lucas VI, 27,35)

"Fazei o bem àqueles que vos insultarem".
(*Mat.* XXII, 6)

"Pai, perdoai-lhes, porque não sabem o que fazem". (*Lucas* XXIII, 34)

"Se o teu inimigo tiver fome, dai-lhe o pão". (Prov. XXV 21. — *Tom.* XII 20)

Entre as falhas deste tipo de Raio, contam-se o sentimentalismo e a sensualidade, a intransigência, a hipersensitividade, a autocompaixão, o desânimo, o hábito de ruminar e de alimentar as ofensas e a dificuldade em perdoar as faltas cometidas contra o código do segundo Raio. O discernimento é muitas vezes prejudicado pelas emoções, especialmente aquelas de compaixão e de amor. A qualidade de compaixão, que é característica deste Raio, é bem demonstrada nas palavras de uma menina, que apelava para a clemência de sua mãe, quando sua irmã mais velha estava sendo severamente castigada: "Mamãe, por favor, não fique zangada com a Maria, pois isso entristece o ambiente". As pessoas do segundo Raio são inclinadas à impraticabilidade e a sacrificarem-se pelos outros, muitas vezes minando-lhes a autoconfiança e aumentando o egoísmo daqueles em favor dos quais são feitos tais sacrifícios. São inclinadas a exagerar o lado idealista do seu trabalho, em detrimento da necessidade de uma perfeição equivalente na sua execução. O maior sofrimento pode decorrer de decepção amorosa, discordância com pessoas e amigos mais chegados, quebra da fé e confiança, mau juízo, frieza, isolamento e exclusão, solidão e abandono.

O princípio do homem do segundo Raio é o da Sabedoria e da intuição espiritual ou *Buddhi*[17], o veículo da Consciência cristã. As cores são o amarelo-dourado e o azul-rei. A pedra é a safira e o símbolo é a cruz latina. Nas artes, a música, com as suas harmoniosas influências, representa este Raio.

O Budismo, como o seu próprio nome sugere, é predominantemente a religião do segundo Raio. Em todas as Grandes Religiões, os ensinamentos e aspectos doutrinários teológicos (quando a teologia é baseada na verdade), redentores e salvacionistas apresentam a influência do

[17] *Buddhi* – O sexto Princípio do homem, o veículo de *Ātmā* expressado como sabedoria e intuição espiritual. (*Glossário Teosófico* e *A Doutrina Secreta*). H. P. Blavatsky.

segundo Raio. O Raio correspondente é o sexto, através do qual são manifestados, mais individual e emocionalmente, o amor universal, a capacidade de autossacrifício e autoentrega em devoção a um líder ou a uma causa tipicamente do segundo Raio.

O Senhor Cristo, em Sua perfeita sabedoria, Seu amor universal e Sua ilimitada compaixão, ternura e piedade por todos os seres vivos, especialmente os sofredores, é o grande Exemplo das qualidades do segundo Raio.

Capítulo 5

# O terceiro raio

O terceiro Raio é uma manifestação do Terceiro Aspecto da Santíssima Trindade, o Espírito Santo, Regenerador e Transformador.

As qualidades de caráter são a compreensão, especialmente de princípios fundamentais, o entendimento, uma mente profundamente penetrante e interpretativa, a adaptabilidade, o tato, a dignidade, cujo senso é muito forte, o reconhecimento do poder e do valor do silêncio. Um dos poderes característicos é a capacidade de ideais criadores. Os tipos de homens são o filósofo, o organizador, o diplomata, o estrategista, o tático, o literato, o economista, o banqueiro, o jogador de xadrez, o juiz, o alegorista, o intérprete e o caricaturista.

Líderes como Churchill, Roosevelt, Stalin, Montgomery, Rommel e Smuts são exemplos importantes de homens, nos quais o primeiro e o terceiro Raio são altamente desenvolvidos.

O ideal é a plena compreensão. Como Deus é considerado principalmente como o Princípio da Verdade, os maiores males são a mentira, o embotamento intelectual e a falta de compreensão. O impulso motivador é o de agrupar, total e impessoalmente, todos os princípios fundamentais e fatores de um assunto, combinando-os e aplicando-os para a sua perfeita compreensão e execução. A mais alta realização é a percepção completa e perfeita da verdade e o talento parcialmente resultante de um transbordamento de contemplação.

Ao contrário dos tipos do primeiro e do segundo Raio, o homem do terceiro Raio, da mesma maneira como o eremita o faz fisicamente, tem a tendência de afastar-se mentalmente do problema ou do obstáculo, refugiando-se na região do pensamento abstrato, onde então pondera e medita até que sobrevenha um esclarecimento completo. Obtém, assim, uma compreensão e uma síntese de todos os fatores e, consequentemente, a solução do problema é alcançada. Em sua própria vida, aprende a "queimar *karma*[18] no fogo do conhecimento", descobrindo e apli-

[18] *Karma* – A Lei de Causalidade, Equilíbrio, Compensação, por meio da qual cada ação gera uma reação; o agente se torna responsável por atrair uma ação similar. Vol. 5 de *A Doutrina Secreta*. H. P. Blavatsky. Fisicamente a ação e, metafisicamente, a Lei da Retribuição, a Lei de causa e efeito ou Causação Ética. Nemesis, somente num sentido, aquele do mau *Karma*. É o décimo primeiro *Nidana* na concatenação de causas e efeitos, no Budismo ortodoxo; também é o poder que controla todas as coisas, o resultante da ação moral, o metafísico *Samskāra*, ou o efeito moral de um ato praticado para a obtenção de alguma coisa que gratifica um desejo pessoal. Há o *Karma* do mérito e o

cando os princípios daquela alquimia espiritual por meio da qual a adversidade é transformada em felicidade, transmutando em sabedoria e poder tudo o que é básico na natureza humana. Como cientista seria tanto alquimista como químico, tanto astrólogo como astrônomo e tanto metafísico como físico e matemático. Atinge os resultados por meio de um pensamento direcionado e sequencial e de uma perfeição, tanto estratégica como tática. Emprega habilmente o método tanto da armadilha quanto da rede e está pronto a utilizar o meio mais apropriado, mesmo passando por cima de sua inclinação pessoal.

Como professor, ele explica os princípios e incentiva os alunos a descobrirem sua aplicação, por meio de seus próprios esforços mentais, muitas vezes deixando lacunas e mesmo permitindo perplexidade, a fim de provocar perguntas e incitar à pesquisa. Inculca a impessoalidade na busca da verdade. Este tipo sente muito a necessidade de compreensão total de todos os aspectos da vida,

---

do demérito. O *Karma* não castiga nem recompensa; é simplesmente a Lei Universal una que guia infalivelmente e, por assim dizer, cegamente, todas as demais leis produtoras de certos efeitos pelos sulcos de suas respectivas causações. Quando o Budismo ensina que *Karma* é o núcleo moral (de qualquer ser), que sozinho sobrevive à morte e continua em transmigração ou reencarnação", quer dizer, simplesmente, que nada sobra de cada Personalidade, a não ser as causas por ela produzidas, causas que são imortais, isto é, que não podem ser eliminadas do Universo até que sejam substituídas pelos seus legítimos efeitos e por eles apagadas, por assim dizer, e que tais causas – a não ser que compensadas com efeitos adequados durante a vida da pessoa que as produziu – seguirão o Ego reencarnado e o alcançarão na sua subsequente reencarnação, até que a harmonia entre efeitos e causas seja completamente restabelecida. *Glossário Teosófico*. H. P. Blavatsky. Veja: *Reencarnação, Fato ou Falácia?* (Geofrrey Hodson).

reage muito menos a um código ético imposto, do que à compreensão interior das razões válidas para certos tipos de conduta. Ele aprende também a interpretar e usar as circunstâncias como guias de comportamento e aguardar sabiamente a lógica dos acontecimentos.

Pode-se presumir e afirmar que as qualidades do terceiro Raio também foram altamente demonstradas através da habilidade intelectual e da sabedoria, empregadas pelo Cristo, quando derrotou aqueles que procuravam confundi-Lo, especialmente na questão do pagamento dos dízimos, da mulher que tinha sido flagrada em adultério e, também, no Seu silêncio, quando acusado.

A frase: "Dai-me o entendimento que cumprirei a Tua lei"[19], expressa, perfeitamente, o ponto de vista deste Raio, cuja apoteose é a onisciência, através da unidade com a Mente Superior.

Entre as falhas deste tipo estão a frieza, o individualismo, o egoísmo, a indecisão entre muitos pontos de vista, o distanciamento, a intriga, a crueldade, a lentidão em adotar abertamente alguma causa, a falta de apoio numa crise, enganar deliberada e inescrupulosamente como o fez o Ministro de Propaganda Nazista, Goebels, a falta de sinceridade, a astúcia e excessiva atenção à forma, aos detalhes e ao sistema, a ponto de negligenciar o espírito e as grandes finalidades da vida.

Inversamente, algumas vezes há uma tendência de viver demasiadamente no âmbito de princípios, planos de longo prazo, esquemas e ideias, tornando-se, consequen-

---

[19] *Salmos* CXIX 34.

temente, desajustado e fora do mundo. A insinceridade de que são capazes as pessoas do terceiro Raio é muito bem descrita nas palavras de um moderno Ditador que, conforme o *Time*, de 14 de fevereiro de 1949, escreveu:

"As palavras de um diplomata não devem ter relação com as suas ações — ou então, que espécie de diplomata ele é? Boas palavras são máscaras para esconder as más ações. Diplomatas sinceros são tão impossíveis como água seca ou ferro feito de madeira".

Eis o que foi escrito sobre o falecido Marechal de Campo Smuts:

"No princípio de seu mandato como Primeiro Ministro da União Sul Africana, o então General Smuts pretendia fazer um discurso no Parlamento. Chamou o seu secretário e disse: 'Vá à biblioteca e consiga-me alguns elementos estatísticos, para confirmar alguns dos pontos que desejo evidenciar'. O secretário voltou sete horas depois e disse: 'Não há ninguém que possa obter as informações pretendidas em menos de cinco anos'. No dia seguinte, o General levantou-se no Parlamento e fez um eloquente discurso. Abordou todos os pontos com uma multiplicidade de detalhes estatísticos. Todos ficaram muitíssimo impressionados, mas ninguém tanto quanto o seu secretário. Quando o General voltou ao seu gabinete, o secretário perguntou: 'Onde encontrou todas aquelas maravilhosas estatísticas?' E o General Smuts respondeu: 'Bem, você me informou que ninguém poderia compilar tais estatísticas em menos de cinco anos. Assim, fiz uma ligeira estimativa e imaginei que levará pelo menos o mesmo tempo para que alguém possa verificar minhas informações' (Merryl Stanley Rukeyser)."

O maior sofrimento que pode haver é ser julgado incompetente ou em erro, estar submerso em escuridão intelectual e derrota, e ser privado de dignidade, incluindo o desmascaramento. O princípio deste homem é o da inteligência abstrata ou Supremo *Manas*[20], Corpo Causal[21] ou o veículo do Ego humano. A cor é o verde esmeralda, a pedra é a esmeralda e a correspondência de Raio é com o quinto Raio, aquele da mente concreta, sendo o seu símbolo o triângulo. Enquanto o homem do terceiro Raio é intelectualmente relacionado com os grandes princípios da vida, com a filosofia e a metafísica, o homem do quinto Raio tem mais interesse no conhecimento científico detalhado e procura aplicar seus resultados na vida física. Nas Artes, a poesia, que é música mental, linguagem perfeita, representa o terceiro Raio.

A religião Caldeia, com sua base e prática astrológica, é predominantemente do terceiro Raio. Os aspectos filosóficos e metafísicos de todas as Grandes Religiões representam a influência do terceiro Raio sobre elas. Entre os

---

[20] *MANAS* – A Mente, a faculdade mental que faz do homem um ser inteligente e moral e que o distingue do animal; Esotericamente, contudo, quando não especificado, significa o Ego Superior, ou seja, o princípio senciente, que se reencarna no homem. Quando qualificado, é chamado pelos teósofos de *Buddhi-Manas,* ou seja, Alma espiritual em contraposição a seu reflexo humano – *Kama-Manas*. (*Glossário Teosófico*. H. P. Blavatsky). Considerado neste livro como o quinto e sexto princípios do homem unificados, veículos de sua mentalidade abstrata e concreta.

[21] Corpo Causal: O veículo e a expressão, no nível do intelecto abstrato, da Entidade encarnada ou Ego. O corpo da inteligência ou do entendimento.

exploradores, Scott foi enaltecido pela liderança científica e Amunsden por suas viagens rápidas e eficientes. Essas alusões a seus poderes de organização indicam desenvolvimento do terceiro Raio. Todos os grandes líderes militares, nos dias de hoje, devem possuir, não somente as qualidades combativas do primeiro Raio, como também as habilidades estratégicas e de organização do terceiro. O Marechal de Campo Montgomery demonstrou isso através de seus preparativos cuidadosos e precisos, de sua preocupação em assegurar, previamente, a disponibilidade de todas as forças e suprimentos necessários para a vitória, incluindo o controle do ar, o estudo minucioso do caráter de seu inimigo (durante a Campanha do Deserto, ele tinha um retrato de Rommel em sua caravana), de sua presteza em despistar através de dissimulações e, quando necessário, de revisar rapidamente todo o esquema (como quando atacou a Linha Mareth), da localização das divisões apropriadas nos lugares certos e no tempo exato, de sua completa autoconfiança e da aplicação de um golpe mortal, com todas as armas disponíveis.

O lema da família Cavendish, *Cavendo tutus*, significando "Segurança pela Precaução", exemplifica o terceiro Raio, assim como as seguintes histórias:

Um padre católico mostrou uma habilidade tática e uma adaptabilidade rápida, características do terceiro Raio, segundo o relato de Paul Marcus:

"Entre os convidados de um jantar, oferecido recentemente por meus pais, estavam presentes um rabino e um padre católico. Quando o grupo sentou-se à mesa, surgiu um daqueles problemas aparentemente insuperáveis — qual dos dois faria a prece? Todos baixaram as cabeças e tanto minha mãe como o meu pai ficaram sem palavras. No auge deste terrível momento, o padre olhou ao redor da mesa e disse: “Se não se importarem, gostaria de fazer uma prece judaica”.

Todos balançaram as cabeças concordando e o padre então rezou — em hebraico”.

Capítulo 6

# O quarto raio

O quarto Raio, junto com o terceiro, quinto, sexto e sétimo, é considerado como sendo a manifestação do Terceiro Aspecto da Santíssima Trindade. As suas qualidades são a idealização criativa, a harmonia, o equilíbrio, a beleza e o ritmo. A faculdade especial do homem do quarto Raio é o poder de perceber e retratar "o princípio da beleza em todas as coisas"[22], tanto através das Artes, quanto da vida.

Geralmente demonstra grande versatilidade e, algumas vezes, o dom da mímica. Apesar de não possuir as qualidades de todos os Raios, ele é capaz de apresentá-las, pode-se mesmo dizer, de simulá-las. Tem um forte senso de forma, simetria, equilíbrio e um gosto apurado por tudo quanto é belo nas Artes, na Natureza e na Vida.

[22] Keats.

O tipo de homem é o do artista para quem Deus, ou o mais alto bem, é o princípio da Beleza no Universo, sendo a feiúra considerada como o maior mal. A forma de manifestação artística e a escolha de seu meio de expressão são influenciadas pelo sub-raio dominante. O impulso motivador é o de espalhar a influência da beleza sobre o mundo, de ser intermediário entre os domínios da beleza pura e os de sua expressão imperfeita, servindo a Arte de ligação entre os dois. Aqueles oradores que possuem a arte da palavra rítmica, capazes de encantar, persuadir, cativar e dominar um auditório, os verdadeiros enfeitiçadores, demonstram as características deste Raio.

A base e a aferição do quarto Raio, nos seres humanos, nações e civilizações, caracterizam-se mais pela beleza do que pelo poder temporal, posses, armamentos e situação financeira. Alguns artistas podem condescender com qualquer conduta da qual emane a luz da beleza e são incapazes de perdoar a fealdade. Sentem profundamente a necessidade da presença da harmonia e da beleza nos seus ambientes e podem sofrer agudamente com sua ausência.

O homem do quarto Raio consegue obter resultados, quer na Arte como na vida, por métodos nitidamente individuais, dependendo o sucesso da perfeição da técnica. Sua apoteose é tornar-se um mestre da arte, um gênio em cada tipo de Arte, especialmente na da vida que, para ele, inclui completa autoexpressão e manutenção de relacionamentos perfeitos. Está provado que o ramo das Artes, escolhido por aqueles nos quais predomina o quarto Raio, pode variar em vidas sucessivas sob a influência de algum sub-raio. Em cada pensamento, palavra e ato, eles percebem e procuram expressar a Beleza divina que brilha no universo. Conseguem seus resultados pela dramatização, pela ilustração e pelo apelo ao belo, ao ritmo, à perfeição e ao encanto, através da fascinação e da sedução. Como educadores, eles explicam e dramatizam.

Entre as falhas do quarto Raio, estão a instabilidade, a inquietação, a vacilação, a volúpia, a arrogância, a vaidade, a autoindulgência, a imprevidência, o cinismo em relação àqueles que são mais bem-sucedidos do que eles e um senso de superioridade para com os indivíduos menos dotados. Sofrem de alternância de disposição temperamental. Podem ser levados a exaltações sublimes e a mergulhar na depressão e no desespero.

"Todo artista conhece e receia a pausa oposta de desânimo, que ocorre após o êxito. Quanto maior o entusiasmo, tanto mais perigosa sua repercussão"[23].

"Um humor apaixonado é uma concentração de experiências, uma conjugação de momentos de reflexão. A emoção é um pensamento apressado. Esta aceleração só pode ocorrer, espontaneamente, num momento de inusitado acúmulo de motivações, que é seguido pela exaustão e pelo desapontamento, pois não pode ser mantido"[24]. As pessoas do quarto Raio também podem apresentar uma tendência a sonharem acordados, a viverem num mundo de fantasia. A não ser que a força de vontade do primeiro

[23] *A Mente e a Vida de Charles Sims*, por Alan Sims.

[24] *A Arte de Pintar*, por Charles Sims. R. A.

Raio atue nelas, sentem vagos anseios por grandes realizações e, contudo, não conseguem efetivá-las. O maior sofrimento é geralmente devido à frustração e à impossibilidade de conseguirem uma autoexpressão perfeita. A origem do homem é a ponte entre o Grande Ser e o ser inferior, o *antahkarana*[25]. Este princípio "serve como meio de comunicação entre os dois e transmite do pequeno ao Grande Ego, todas aquelas impressões pessoais e pensamentos do homem que podem, por sua natureza, ser assimilados e armazenados pela Entidade Imortal, ficando, assim, também imortalizados. São estes os únicos elementos da evanescente Personalidade que sobrevivem à morte e ao tempo"[26] (5).

Assim, a missão do artista parece ser a de elevar a consciência do homem, através da beleza, até a sua realização e ao esplendor da Natureza e de Deus. Portanto, o verdadeiro artista é um sacerdote e mediador entre Deus e o homem. A cor é a do bronze curtido e a pedra é o jaspe, o símbolo é o esquadro e o compasso, associados à Maçonaria. O quarto Raio pode ser considerado como uma lente, através da qual são focadas as luzes de todos os Raios. Nas Artes, a ópera representa o quarto Raio, por ser uma síntese dos vários ramos da Arte.

A religião de Orfeu, com a sua nota-chave da Beleza, era predominantemente do quarto Raio, o qual também

[25] *Antahkarana.* Sânscrito: *Antar* – o meio ou o interior e *karana*, a causa, o instrumento. Usado tecnicamente para significar a ponte entre a Mente Superior e a Mente Inferior, o operante instrumento interno entre ambas.

[26] *Glossário Teosófico.* H. P. Blavatsky.

encontra expressão em qualquer tendência de combinações de cores e adornos, assim como nos cultos religiosos.

Os versos e as linhas seguintes expressam a visualização que o artista faz com referência à vida:

> "Pois eu vi
> Em lugares solitários e em horas mais solitárias,
> Minha visão do rosto de aureolado arco-íris
> Daquela a quem os homens chamam de beleza;
> Orgulhosa, austera;
> Nublada visão do aveludado rosto perfeito,
> Divinamente fugaz, que assombra o mundo
> E ergue a espiral dos pensamentos humanos
> Ó mundo, como Deus o fez! Tudo é beleza"
>
> Browning.

> "Não há luz senão a Tua; com Ela toda a beleza incandesce".
>
> Rev. John Keble.

> "Beleza é verdade — verdadeira beleza — isso é tudo que conhecemos na Terra e que necessitamos conhecer".
>
> Keats. *"Ode a Uma Urna Grega"*.

> "Afasta de nossos corações aquele amor pelo belo e terminarás com todo o encanto da vida".
>
> Rousseau.

"Eu sempre acreditei que Deus é unicamente beleza posta em ação".

Rousseau.

"A melhor parte da Beleza é aquela que um quadro não pode expressar".

Bacon.

"A Beleza sozinha persuade os olhos dos homens sem necessidade de um orador".

Shakespeare.

## Capítulo 7

# O quinto raio

As qualidades especiais do quinto Raio são aquelas típicas da mente analítica, dedutiva, formal, sendo o maior interesse e o ideal da pessoa deste Raio a aquisição do conhecimento dos fatos e, onde o segundo Raio estiver bem desenvolvido, também a sua divulgação. Nesta busca, aqueles nos quais o quinto Raio é muito dominante são metódicos e capazes de demonstrar paciência incansável e excessivo detalhismo, sobretudo no exame repetido e na classificação de intrincados e minuciosos detalhes.

O tipo de homem é o cientista, o matemático, o advogado e o detetive. Nos estágios iniciais de seu desenvolvimento, o interesse principal está focado na ciência física, estendendo-se, mais tarde, ao domínio do oculto e da metafísica. A mente do quinto Raio é brilhante, aguda, rápida, arguta, técnica, analítica, esmerada, positiva e possui grande capacidade para a especialização e compreensão do detalhe. Como ideais, preza sobretudo a verdade, a objetividade e a acuidade de observação, dedução e exposição. Deus é considerado como o princípio da Verdade, e a mentira, a ignorância, a falta de objetividade e uma mente preconceituosa são os maiores males.

O impulso motivador do homem do quinto Raio é descobrir o conhecimento, alcançar a verdade. Isso, contudo, precisa ser demonstrado como, por exemplo, pela correta predição, baseada numa data conhecida. Ele consegue seus resultados, por meio do uso brilhante e paciente da mente. Ele pensa, pesquisa, investiga, prova, experimenta, pacientemente observa, calcula e, então, faz deduções precisas de suas descobertas. Usa sua mente como uma broca a furar o coração dos problemas, sempre utilizando o método científico.

Isso é descrito por Anton J. Carlson, como "rechecadas observações e experimentos objetivamente registrados, com absoluta honestidade e sem medo ou favorecimento". Esta preocupação, algumas vezes, tende a fazer sua mente tão inflexível e seus métodos tão rígidos e inadaptáveis, que não consegue a realização final. Quando, porém, o aspecto de sua natureza de homem do terceiro Raio, com suas características de adaptabilidade e pensamento filosófico, começa a influenciar sua mente, como parece ocorrer no caso de muitos cientistas modernos, combinando-se com as qualidades magnificentes já referidas no quinto Raio, isso assegura seu sucesso, como um grande descobridor e revelador do conhecimento ao homem.

Como professor, ele elucida lógica e completamente, inclui detalhes, usa diagramas, e inculca a acuidade. A apoteose é tornar-se um mestre cientista, um gênio do intelecto em todos os ramos da ciência, física e superfísica, com sucesso no último campo, e algumas vezes no anterior, que o leva à alegria da proficiência mental. Com seu irmão do terceiro Raio, ele, finalmente, torna-se uno com a Mente Maior, e então alcançam a perfeição, tanto no conhecimento em si, quanto na aplicação prática dos princípios científicos sobre os quais se assenta o Universo.

Entre as falhas do quinto Raio estão o distanciamento, a frieza emocional, a crítica destrutiva, a rigidez mental e uma tendência para perceber e acentuar indevidamente as faltas alheias, o iconoclasmo que não é suplementado por presteza ou habilidade para reconstruir, magoando ao dizer "suas faltas são para seu próprio bem" e a insensibilidade para abrandar o golpe ou esforçar-se para ter tato, o sentimento de prazer em destruir ilusões (constantemente uma útil porém desconcertante função), a inabilidade para "suportar pacientemente as tolices", a intolerância para tudo o que for emocional, místico e intuitivo, o ceticismo, o materialismo e o orgulho. As outras falhas são o egocentrismo, a estreiteza de visão, a curiosidade bisbilhoteira e inquisitorial, a mesquinharia, buscando um *quid pro quo*, tornando-se excessivamente pedante e acentuando a formalidade em detrimento da vida.

Em algumas ocasiões, este tipo demonstra uma falta de sabedoria e eficiência na conduta da vida quase infantis, algumas vezes devido, talvez, à proverbial divagação. Na religião, onde isso é aceito, o homem do quinto Raio é inclinado a ser dogmático e curiosamente irrazoável. Excessivamente preocupado com a tradição, o dogma, a doutrina, o credo e a forma, ele, muitas vezes, perde de vista a vida interna e a necessidade de experiência e iluminação interiores. Este tipo é, frequentemente, muito egoísta e consumista e, a menos que seu caráter seja modificado pela presença das qualidades dos outros Raios, especialmente das do segundo, terceiro e sexto, tende a guardar suas descobertas e bens para si mesmo, como, por exemplo, patentear invenções.

O homem desenvolvido do segundo ou sexto Raio, por outro lado, tem prazer em compartilhar todas as descobertas e dons, sendo o bem estar mundial o motivo de todas as suas pesquisas e esforços. A confiança total do homem do quinto Raio, espiritualmente não desenvolvido, nos processos analíticos e nas provas demonstráveis, tende a torná-lo um pouco cego em relação aos grandes princípios, que estão por trás da manifestação, e impenetrável à inspiração e à intuição. O maior sofrimento pode ser experimentado quando apanhado em erro e, especialmente, quando comprovada a falta, ele é ridicularizado e se torna objeto de escárnio. Tal derrota mental e desonra ferem profundamente a natureza do homem do quinto Raio.

O mais ativo e o mais usado princípio deste homem é o corpo mental ou *Manas* inferior. A cor é o amarelo-limão; a pedra, o topázio e o símbolo, a estrela de cinco pontas. O quinto Raio está em correspondência com o terceiro, de cujas qualidades e realizações é a expressão concreta. Ao final, os dois são fundidos num só instrumento de consciência, demonstrando as elevadas qualidades de ambos os veículos e Raios. Nas Artes, a pintura representa o homem do quinto Raio. A Religião Egípcia, centrada na filosofia Hermética e tendo como ponto principal a Verdade, era predominantemente do quinto Raio, como é o aspecto escolástico de cada Religião.

As vívidas deduções de Sherlock Holmes, como também de todos os outros detetives, o frio e preciso raciocínio da mente legal são todos exemplos da atividade da mente formal, a qual é geralmente acentuada no homem do quinto Raio. A história conta que o Presidente Abraham Lincoln, viajando num trem com um amigo, teve sua atenção despertada para algumas ovelhas num campo. "Aquelas ovelhas", disse o amigo, "foram tosquiadas recentemente". Olhando para fora Lincoln disse: "Neste lado".

# Capítulo 8

# O sexto raio

As qualidades principais do sexto Raio são o amor sacrificial, o entusiasmo ardente por uma causa, o ardor inflamável, um único objetivo e determinação, a devoção desinteressada, a adoração, uma intensa simpatia pelo sofrimento alheio, a ponto de reproduzir os estigmas em si mesmo, o idealismo expresso praticamente como ação, a lealdade e a "essência da honra". (Von Hindenburg). O tipo de homem é o do místico, do devoto, do santo, do filantropo ativo, do mártir, do evangelista, do missionário e do reformador. Os exemplos são os Irmãos Lawrence, São Francisco, Santa Clara, Santa Teresa (terceiro e sexto Raios) e o General Booth (sexto e primeiro Raios).

O ideal é a consagração completa, o autossacrifício até a morte, por um ideal, por uma causa ou por um líder.

O serviço desinteressado para o alívio dos sofrimentos do mundo, os quais são profundamente sentidos, constitui o impulso natural que está por trás do homem desenvolvido do sexto Raio, para quem Deus é o princípio do Autossacrifício, do Amor e da Bondade. Tanto como soldado, amante, filósofo ou cientista, ele é "fiel até a morte" a esse ideal. Para ele, os maiores males são o egoísmo, o individualismo, a falsa lealdade, a deslealdade, a traição à confiança individual ou pública e o ódio.

A pessoa do sexto Raio alcança a sua meta pela obstinação extrema. Leva a sua devoção a tais alturas, que chega a perder-se em seu ideal, do qual se torna a verdadeira encarnação. No fogo do seu entusiasmo, ela queima tanto as falhas do próprio caráter, como os obstáculos externos encontrados no caminho da realização de seu intento. Como professor, ela inspira e inflama e, entre outras qualidades, desperta a lealdade e o heroísmo nos alunos. A apoteose é o altruísmo e o cumprimento perfeito da vontade de Deus.

Entre as falhas deste tipo, estão a emotividade, a sensualidade, o fanatismo, a obsessão, a suscetibilidade à fascinação, a intolerância e a extrema adoração cega de seu herói. A deslealdade dos amigos, a quem ama e em quem confia, traz agudo sofrimento, assim como ser incompreendido e mal interpretado, sobretudo quanto a suas intenções. O princípio do homem é o corpo astral[27], sua

[27]CORPO ASTRAL – O veículo das emoções humanas, construído com o primeiro tipo de matéria, mais sutil do que o éter físico e denominado astral por ser autorradiante.

cor é a de um fogo róseo, a pedra é o rubi e o símbolo é a rosa de quatro pétalas, no formato de uma cruz de linhas iguais. A correspondência é com o segundo Raio, do qual o sexto é uma expressão ativa de muitas de suas qualidades. Nas Artes, a arquitetura, uma música estática representa o sexto Raio. A religião cristã, especialmente nos seus aspectos devocionais e místicos, é predominantemente do sexto Raio.

Entretanto, o sétimo Raio também é representado nas suas formas cerimoniais de culto, cujo ápice, talvez seja atingido nas Grandes Celebrações da Santa Eucaristia, nas Coroações e nas cerimônias de Ordenação de Sacerdotes e de Consagração de Bispos. As celebridades mundiais que apresentaram as qualidades do sexto Raio são citadas no Capítulo sobre os Raios combinados.

Capítulo 9

# O sétimo raio

As qualidades especiais do sétimo Raio são nobreza e cavalheirismo, tanto de caráter como de conduta, suntuosidade dos bens e da pessoa, atividade ordenada, precisão, habilidade, graça, dignidade, grande interesse na política, nas artes, no fausto cerimonial, na magia, nas descobertas, no controle e na liberação das forças ocultas da Natureza e na cooperação com as Inteligências a elas associadas. O tipo de homem é o político — na verdadeira significação da palavra — o diretor teatral, o mestre de cerimônias, os ritualistas, o mágico, o ocultista e o Sacerdote nas Ordens cerimoniais.

O ideal é o poder, perfeita e irresistivelmente manifestado, a verdadeira aristocracia, tanto de corpo como de espírito, a eficiência física, a perfeição, a positividade e ordem em toda a conduta de vida, a impecável organização de apontamentos, o poder incontestável para controlar e dirigir as forças ocultas do próprio indivíduo e da Natureza, sendo tudo inspirado e tornado irresistível pela força de uma vontade, que é relativamente onipotente. Um lema do sétimo Raio seria: "Se algo é digno de ser feito, que o seja com perfeição". Isso se aplicaria tanto a um piquenique como a um espetáculo, a um poema como a um cortejo, a um torneio militar como a um rito mágico. Para o homem do sétimo Raio, Deus é o princípio da Ordem em todas as coisas, sendo o caos o maior mal. O impulso motivador é o de dominar as forças e as inteligências da Natureza, fazendo-as manifestarem-se com precisão e de acordo com um plano.

As metas são alcançadas pela conjugação de muitos fatores, a fim de obter um resultado claramente previsto. Um exemplo deste método é a formação de grupos de pessoas treinadas para a coordenação de atividades na política e nos vários ramos das artes, na representação, no drama e na ópera e, também, no uso de vestimentas, cores, símbolos e palavras de poder, no cerimonial. Como professor, ele usa integralmente a dramatização, tanto nas apresentações pessoais como na técnica escolar. Ele também emprega os métodos do primeiro Raio. A apoteose é dupla, isso é, tornar-se um mágico espiritual e viver perfeitamente até o menor detalhe. A Maçonaria é uma expressão, tanto cerimonial como prática, de um atributo do sétimo Raio, que também aparece nos rituais de todas as Religiões.

Entre as possíveis falhas, estão a ostentação, a pretensão, a falta de escrúpulos, a ânsia de poder e de cargos, a inclinação para usar as pessoas como instrumentos, a tendência para dar formalismo à "letra morta", a celebração mecânica de uma cerimônia, negligenciando sua significação espiritual, e a tendência de descer à magia negra, à feitiçaria, à necromancia e às formas mais baixas do sacerdócio. As pessoas do sétimo Raio podem sofrer atrozmente com a humilhação, perda de poder temporal, crítica adversa, particularmente partindo de um subalterno, e sujeição a uma atitude rude.

O homem deste Raio tem o corpo físico como princípio ou base. As cores são a púrpura e o azul-safira. A pedra é a ametista e os símbolos são a suástica e a estrela de sete pontas. A correspondência é com o primeiro Raio, sendo que o sétimo representa o poder daquele Raio manifestado em ação física. Nas Artes, a escultura, representada figurativamente como uma dança estática, é uma representação do sétimo Raio. Atualmente, afirma-se que a influência generalizada do sétimo Raio sobre a humanidade está substituindo a do sexto, com as consequentes tendências da ciência em explorar o universo aparentemente invisível pelo telescópio eletrônico, pela investigação dos poderes extrassensoriais e psíquicos do homem[28] e pela medicina psicossomática, e em libertar e usar as forças ocultas da Natureza pela ficção nuclear.

Na vida pública, esta influência pode ser observada no gosto que está prevalecendo pela ostentação e cerimoniais. Na religião cristã, o efeito do sétimo Raio é discerní-

[28]Veja: *The Reach of the Mind* (O Alcance da Mente) – J. B. Rhine.

vel no movimento em direção a uma Grande Igreja, como no Anglo-Catolicismo, num reconhecimento mais profundo da significação espiritual e da eficácia do cerimonial, na tendência para uma cooperação entre seitas e nas tentativas de estabelecer uma fraternidade de Religiões ou um Parlamento de Religiões (2º Raio – cooperação, 7º Raio – coordenação). Na política mundial, onde as qualidades do segundo e do terceiro Raio também estão sendo desenvolvidas, a influência crescente do sétimo Raio aumenta a tendência de substituir a força pela arbitragem e pela cooperação, como meio de eliminar as disputas. À medida que a influência deste Raio aumenta e é complementada por um desenvolvimento apropriado da mente mais elevada e sintética do homem, essas tendências se fortalecerão, tornando, eventualmente, mais concretos os ideais sobre os quais foram fundados a ONU e subsidiárias como a UNESCO, a UNRRA, o Plano Marshall, os Pactos de Defesa Regionais e as Conferências Internacionais.

# Capítulo 10

# Os raios combinados

Os leitores que, conhecendo suas próprias personalidades, procuram enquadrá-las dentro desta informação, com o intuito de descobrir os seus Raios pessoais, constatarão, possivelmente, que apresentam mais de um deles. Não há predominância de características específicas de nenhum Raio em especial. Se, entretanto, fizerem um detido exame de si mesmos, constatarão que, pelo modo utilizado na obtenção daquilo que pretendem, têm a tendência de empregar o método de um ou outro Raio, em grau bastante consistente. Como temos dito, existem afinidades ou correspondências entre os Raios. O primeiro e o sétimo estão intimamente associados, como o segundo e o sexto, o terceiro e o quinto. Além disso, os três primeiros Raios, que são Raios-vida, podem ser considerados como a animação espiritual dos três últimos que são Raios-forma.

O quarto Raio corresponde à natural ponte ou passagem, tanto entre um e outro Raio de cada par, como entre os dois grupos de três. Considerando que a meta é o desenvolvimento completo de todas as qualidades de todos os Raios, é, portanto, necessário que as atividades e o crescimento, na longa série de vidas[29] na Terra, incluam todas as suas características. Isso é exemplificado nas vidas das maiores figuras da história, muitas das quais apresentam as qualidades combinadas de dois e, algumas vezes, de mais Raios. Os Faraós, Alexandres, Césares e Napoleões do mundo, por exemplo, manifestavam predominantemente o aspecto de poder do primeiro Raio. Contudo, um estudo de suas vidas revela acentuadas diferenças entre eles, conforme o grau em que as qualidades dos outros Raios estivessem combinadas com as do primeiro Raio.

Richard Wagner poderia parecer que possuía, predominantemente, as qualidades do quarto e do sétimo Raios; era um artista que combinou muitos ramos das Artes, nas representações cerimoniais das verdades oculta e espiritual. Ele também foi poeta, dramaturgo, filósofo e esplêndido escritor de prosa (3º Raio). Com o intuito de conseguir, em suas óperas, um determinado efeito, ele integrava estas diversas faculdades numa unidade (7º

[29]A doutrina da evolução do homem espiritual através de vidas sucessivas na Terra, ou Reencarnação, está implícita nesta obra. Veja: *Reencarnação: Fato ou Falácia,* Geoffrey Hodson.

Raio). O impulso místico estava entranhado em sua alma flamejante (6º Raio). A sua música e mensagem revelam a verdade de que cada alma individual é una com a Alma Universal, e deve realizar, em última instância, aquela unidade (2º Raio). Ele foi um dos primeiros a retratar, como no "Dueto do Amor" em Tristão e Isolda, a exaltação do amor humano numa experiência espiritual de unidade (2º Raio). No intuito de alcançar estes objetivos, Wagner teve de explorar e apresentar novas formas de arte, quebrando barreiras existentes e libertando a música (1º Raio).

Ele era impulsionado, profundamente, pela ideia da formação de uma Grande Fraternidade das Artes (2º Raio), e sua vida inteira foi devotada à regeneração da Raça humana, servindo-se das Artes como meio de realização (6º e 4º Raios). Wagner também foi um grande filantropo, seu amor estendendo-se aos membros do Reino Animal.

Suas cartas contêm encantadoras referências aos animais de estimação e um dos seus Ensaios é dirigido contra a vivissecção (2º e 6º Raios). Ele enriqueceu a humanidade, com a sublime concepção da vida humana como uma ascensão da Alma para a perfeição (3º Raio), vertendo sobre ela a beleza de suas melodias e harmonias (4º Raio), e demonstrando um notável poder de comover o coração humano (2º 6º e 7º Raios). Em sua obra, encontramos tesouros de sabedoria e beleza.

Uma tradição oculta afirma que Wagner era uma reencarnação de Sófocles, o grande dramaturgo grego. Leonardo da Vinci (1452-1519) é mais conhecido por suas telas, especialmente a "Mona Lisa" do Louvre; contudo, ele obteve também muito sucesso como cientista, inventor e profeta, demonstrando nisso as qualidades dos 4º, 5º e 3º Raios, respectivamente. Parece que ele teve conhecimento do sistema heliocêntrico, cerca de trinta anos antes de Copérnico apresentá-lo publicamente (5º Raio). Era estudioso de filosofia (3º Raio), anatomia, astronomia, botânica, ciência natural, medicina, ciência óptica, meteorologia e ainda aviação – todas atividades do 5º Raio. Obteve grandes resultados nestes campos e transmitiu conhecimentos que ainda hoje são usados pelos cientistas modernos. Tinha conhecimentos de arquitetura (6º Raio), música (4º Raio), e arte marcial (1º Raio). Fez planos para a produção em massa de armas de fogo, munição e uma outra arma, que pode ser considerada como o ancestral do tanque.

Da Vinci fez um cuidadoso estudo da vida e dos movimentos da asa e da plumagem dos pássaros, buscando desvendar o segredo de seus voos. A moderna construção aeronáutica não diverge muito das linhas que ele traçou. Uma de suas turbinas de água tem uma concepção quase moderna, como o seu odômetro – um invento para medir distâncias pela contagem dos giros de uma roda de carro – e seu guindaste mecânico. Desenhou um bote com remo em roda, uma ponte movediça, um carro de autopropulsão; imaginou rolamentos e construiu canais, utilizando sistemas de canal-comporta, ainda em uso hoje em Milão e no Canal do Panamá. Foi, portanto, um exemplo extraordinário da combinação dos 3º, 4º e 5º Raios num indivíduo altamente desenvolvido, e não foi menos proficiente nos poderes e nas qualidades dos outros quatro Raios.

A obra e o pensamento do abstracionista Josef Albert (nascido na Westphalia em 1889) ilustra o efeito da mistura dos 3º, 4º e 5º Raios num artista. Suas obras são descritas (*Time*, 31-1-1949) como "abstrações emocionantes, compostas principalmente de linhas justas e ângulos retos, pintados delicadamente em cores puras. À primeira vista, seus quadros parecem rígidos e tão definidos a ponto de serem pesados, mas não há nada definitivo neles. Através de artifícios de contraste e perspectiva, ele faz as formas em sua pintura se movimentarem e mudarem, de acordo com o olhar do observador, a ponto das cores adquirirem matizes variados. 'Oh, veja, eu quero que minhas invenções atuem, que percam a sua identidade. O que eu pretendo de minhas cores e formas é que elas façam alguma coisa, que elas não desejariam fazer espontaneamente. Por exemplo, eu quero forçar um verde a parecer vermelho... Toda a minha obra é experimental... Quando dizem que minhas telas não têm emoção, eu concordo. Digo... a precisão também pode fazer você louco. Uma locomotiva é sem emoção, como é um livro de matemática, mas eles me entusiasmam' " (5º Raio).

Clement Richard Atlee, Primeiro Ministro Britânico desde 1945, é descrito (pelo Correspondente Diplomático do *London Observer* no *The New Zeland Herald*, de 20-19-49), como "um dirigente competente e conciliador, mantendo o cargo não em razão das qualidades positivas que possui, mas por ser um conciliador (3º Raio)... No entanto, ele é hoje o chefe absoluto de seu Gabinete, e tem introduzido, tranquilamente, mudanças de estrutura, que enfeixam em sua mão uma quantidade de rédeas do poder maior do que as jamais obtidas, por um Primeiro Ministro Britânico, em tempo de paz (1º e 3º Raios)..."O segredo do poder de Atlee é frequentemente atribuído a sua grande integridade. Porém... este poder tem razões mais profundas . A força de Atlee provém de uma forma peculiar de independência disciplinada (1º, 3º, 5º e 7º Raios)... Atlee se autossustenta. Não se aflige pela impopularidade. Nas decisões fundamentais, ele chega até a não ser influenciado pela aprovação ou desaprovação dos íntimos, que na verdade são poucos (1º e 3º Raios)... Ele tem algo daquele predicado de decisão privada, aquela habilidade de seguir sua própria análise dos acontecimentos até sua conclusão lógica, imperturbável pelos sentimentos daqueles que o cercam, imperturbável também pelos seus próprios sentimentos, receios ou vaidades. (1º 3º e 5º Raios)...

Um político necessita, também, para manobrar, perícia tática e intrepidez serena (3º, 5º e 7º Raios). Aí, novamente, Atlee é surpreendentemente bem dotado. Ele tem contornado, com sucesso, até a revolta em seu partido, principalmente pela notável precisão em detectar, quando permanecer inativo e quando levar o litígio ao clímax (3º e 5º Raios).

"Aqueles que o desafiaram nunca souberam ao certo qual o motivo da derrota (3º Raio). Além disso, ele tem uma quase instintiva percepção das reações dos dirigentes e membros do seu partido, assim como as do país, de um modo geral (2º e 3º Raios).

"Sem alarde, ele tornou-se um Socialista, opondo-se à sua família (seu pai era um Liberal Gladstoniano) e levando suas próprias ideias às conclusões lógicas (3º e 5º Raios).

"Clement Atlee foi até residir entre os moradores do bairro de East End (os mais pobres de Londres), e 'encontrou-se' no embrionário movimento trabalhista. Por assim dizer, ele emigrou para um novo mundo de sua própria escolha (1º Raio); conservou intactos seus hábitos de lealdade (6º Raio), seu idealismo e sua capacidade de liderança (1º Raio) e estabeleceu uma união com o povo do East End, a qual ainda é a coisa mais grata e feliz de sua vida (2º e 6º Raios)..."O Partido Trabalhista estava em uma confusão quase sem esperanças — totalmente derrotado e dividido em facções discordantes. Atlee, leal (6º Raio), modesto, imparcial (3º Raio), lúcido (5º Raio), capaz de tomar decisões (1º Raio) e com a coragem de seu desapego pessoal (1º e 3º Raios) tinha, precisamente, as qualidades necessárias naquele momento. Ele mostrou-se capaz de realizar muitas coisas, inclusive de um feito à altura somente de um estadista imaginativo – sua surpreendente solução do dilema da Índia (1º, 3º e 5º Raios)."

O General Booth, fundador do Exército de Salvação, um homem de grande força, entusiasmo equilibrado e fervor imenso, foi um exemplo da combinação das qualidades do primeiro e do sexto Raios. De um modo natural, sua fé ardente e seu entusiasmo inflamado para salvar almas (6º e 2º Raios) expressaram-se na arte de guerra ativa contra o mal (1º Raio). Ele denominou o seu Jornal de *O Brado de Guerra* e induziu os seus seguidores – organizados como um "Exército" – a entrarem em ação com bandeiras, uniformes, bandas, tambores, címbalos e toda a parafernália de guerra. Em muitas cidades, os quartéis-generais do Exército da Salvação são chamados de "A Cidadela". Tendo em vista as cores adequadas aos diferentes Raios, é interessante o fato de que, nas cores do Exército da Salvação predomina o vermelho, tanto nos uniformes como nas insígnias.

O Cardeal Manning – um grande admirador do General Booth – também foi um exemplo do sexto e do primeiro Raios misturados. Por instinto, ele não era um teólogo como o Cardeal Newman – erudito e recluso (combinação dos 5º e 3º Raios) – mas um cruzado (6º Raio). Como o General Booth, o Cardeal Manning também viu na religião uma arte de guerra para a salvação das almas. Ele ansiava pelo poder para guerrear efetivamente e era obcecado pela responsabilidade do comando. Poderia ser chamado de imperialista espiritual. Ele nasceu General e desencadeou uma agressiva campanha de expansão católica (1º Raio). Newman, com a sua paixão pela verdade e pela livre investigação (3º e 5 Raios), considerava a Igreja como uma Universidade. Manning, com a sua paixão pela vitória, viu-a como um exército, de fileiras cerradas contra o questionamento, porque este enfraquecia a solução (1º Raio). O tempo, apesar de reconhecer a grandeza de Manning, provou que Newman estava certo e Manning errado.

As prósperas bases católicas em Oxford testemunham a certeza da crença de Newman no conhecimento (5º Raio), na compreensão (3º Raio) e na experiência religiosa (2º, 4º e 6º Raios), como os maiores poderes com os quais podemos guerrear o mal. A vida e o caráter destes três homens sugerem que, no General Booth, o sexto Raio predominou, com o primeiro esplendidamente desenvolvido, enquanto nos cardeais Manning e Newman o primeiro e o terceiro Raios, respectivamente, predominaram sobre o sexto.

Hypatia (martirizada em 415 d.C.)[30] e Giordano Bruno (1548-1600)[31] que, estamos informados, foram reencarnações do mesmo Ego, demonstraram ambos marcantes atributos do sexto Raio, inflamados e temperados por um desenvolvimento fora do comum das qualidades e dos poderes do terceiro e quinto Raios. Além disso, cada uma dessas grandes almas possuía o poder de oratória magnífica e perícia literária do 4º Raio. Suas vidas terminaram no martírio, mostrando a qualidade típica do sexto Raio, a disposição de tudo suportar, de tudo sacrificar, inclusive a própria vida, por um ideal e uma causa.

Pitágoras (540-510 a.C.), filósofo grego e fundador da Escola Pitagórica, a quem é creditada a descoberta do teorema que o quadrado da hipotenusa de um triângulo de ângulos retos é igual à soma dos quadrados dos outros

---

[30]Hypatia – Uma mestra de filosofia grega em Alexandria, famosa por sua sabedoria, beleza e pureza de vida.

[31]Giordano Bruno – Descrito como um ardoroso e original pensador que considerava Deus como a Alma vivente, onipotente do universo, e a Natureza como o revestimento vivo de Deus.

dois lados, o sistema heliocêntrico e os princípios matemáticos da música. Demonstrou, em acentuado grau, os poderes intelectuais do terceiro e quinto Raios, combinando com eles grande capacidade como professor. Uma tradição oculta sustenta que ele alcançou o estado de Adepto e agora também exibe, em elevado grau, as qualidades de sabedoria, amor e compaixão do segundo Raio.

Diz-se que a Rainha Vitória foi uma reencarnação do Rei Alfredo; ambos foram grandes monarcas e esplêndidos tipos do 1º Raio. Tennyson é igualmente associado com Virgílio, cada um sendo poeta (3º Raio) e artista (4º Raio) e alcançando uma sublime experiência mística (2º e 6º Raios). Gladstone, que foi identificado com Cícero, o orador Romano, estadista e homem de letras (106-42 a.C.), em ambas as encarnações, manifestou as qualidades do primeiro, terceiro, quarto e sétimo Raios.

Todo artista bem-sucedido, para quem o amor da beleza e a aspiração para representá-la perfeitamente estão entre as principais coisas da vida, é um indivíduo do quarto Raio ou então desenvolveu em alto grau as qualidades do mesmo. A escolha do ramo ou ramos das Artes, do meio e modos de autoexpressão criadora e seu desempenho é provavelmente decidido pela influência do sub-Raio dominante. Destes, o primeiro e sétimo Raios tenderão para a dança e a escultura. Cada um, por seu turno, mostrará o efeito da influência do Raio. O balé, por exemplo, tem sido descrito como uma arte do sétimo Raio, enquanto o solo de dança indica o primeiro Raio.

O desenvolvimento do segundo e sexto Raios no caráter dos artistas os levará para a música ou arquitetura, cada ramo sendo por seu turno afetado pelas tendências desenvolvidas de outros Raios. Os grandes compositores diferem substancialmente na qualidade de suas criações, mas em todos eles o terceiro e quinto Raios também deverão estar bem desenvolvidos, para proverem à capacidade de conceber ideias abstratas e expressá-las em obediência a leis matemáticas. Os artistas, que sofrem influências subdominantes dos terceiro e quinto Raios, inclinam-se naturalmente para a literatura e a pintura, sendo estas escolhas, por sua vez, feitas de acordo com a influência de outros Raios. O escritor acentuadamente do quarto Raio pode sobressair na poesia, enquanto o puro pensador, o filósofo e o cientista podem preferir a prosa livre.

O pintor do primeiro Raio atuará mais com massas arrojadas do que com detalhe intrincado, enquanto o pintor do quinto Raio provavelmente empregará mais o último. O abstracionismo num artista indica fortes tendências do terceiro Raio, enquanto a evidente clareza e intenção poderão indicar a influência do quinto Raio. O puro artista possuirá o poder de encantamento. Pela simples beleza, ele encantará e deliciará aqueles que correspondem à sua influência. Exemplos perfeitos do completo desenvolvimento ao longo das linhas de um Raio são encontrados nas vidas e pessoas do Senhor Cristo e do Senhor Buddha. Durante toda a Sua missão, Eles demonstraram, no mais alto grau, a sabedoria, a compaixão, o amor e o senso permanente de unidade com todas as pessoas, o que caracteriza o segundo Raio. A correspondência com o sexto Raio emergiu no modo como o Cristo morreu, quando Ele sacrificou a sua própria vida pelas verdades que veio ensinar, sobretudo aquelas do amor fraternal e do autossacrifício.

Com a maior reverência, podemos dizer que, como o Seu grande Predecessor, o Senhor Shri Krishna, aqueles destacados Personagens também expressaram, em Suas mais elevadas formas, as qualidades e os poderes dos outros cinco Raios: Eles foram mestres líderes de homens (1º Raio); mestres filósofos, possuidores de completa compreensão (3º Raio); mestres artistas, na beleza de Suas vidas, de Seus ensinamentos e da linguagem com a qual invariavelmente os expressavam (4º Raio); mestres cientistas, possuindo tanto o conhecimento profundo, físico e superfísico, como o poder de demonstrá-lo (5º Raio); incorporação perfeita de sublime idealismo, com o poder de evocá-lo nos outros (6º Raio); mestres da magia, especialmente da maior de todas, a transformação do caráter e das vidas dos seres humanos (7º Raio). Todos os homens atingirão algum dia o incomparável desenvolvimento sétuplo, apesar de que as qualidades do Raio Monádico ainda continuarão a predominar.

# Capítulo 11

# O raio pessoal

Os sete princípios ou componentes da individualidade humana podem ser considerados como veículos através dos quais aquela unidade de existência espiritual, muitas vezes chamada de Mônada, obtém a autoexpressão e a experiência. Os outros nomes da Mônada são o de Fagulha da Chama Divina Única, Alento do Grande Alento, Centelha do Sol Espiritual, Germe Imortal, Espírito Humano e Logos da Alma. Entretanto, todos estes nomes descrevem imperfeitamente os aspectos do misterioso Habitante do Interior mais profundo, que, ao mesmo tempo, é uma unidade e uma parte inseparável do Espírito Universal.

A Mônada é considerada como a origem do ser humano objetivo e setenário. Assim como o próprio nome de

Germe Imortal o indica, também é a semente da Divina "Árvore da Vida", que contém dentro de si a potencialidade de todos os poderes possuídos pela Árvore materna, que é a transcendente e imanente Divindade. Diz-se que a Mônada nunca abandona o "seio do Pai". O Espírito Divino do homem permanece dentro da Chama materna, durante todo o período de suas manifestações parciais como um ser humano setenário. Entretanto, ele irradia ou projeta um Raio de seu próprio Poder, Vida e Luz no universo objetivo, que é o seu campo de evolução. Este Raio Monádico passa através de um dos três aspectos da Divindade Trina e, depois, através de um ou outro dos sete Seres Arcangélicos, por meio dos quais aquela Divindade torna-se externamente manifestada como o Emanador e Arquiteto de um universo.

Como resultado destas associações íntimas, a expressão objetiva da Mônada humana torna-se matizada ou marcada com os atributos daquele Aspecto da Divindade e com os do Arcanjo através dos quais passou. Assim, apesar da inteira potencialidade da Mônada estar presente em todas as subsequentes automanifestações, um atributo será enfatizado e uma qualidade preponderará. Portanto, para descobrir, com certeza, tanto o nosso próprio Raio, como aquele de outra pessoa será necessário ascender, em estado de consciência, até a altura da própria Mônada ou, ao menos, até a mais alta expressão de sua individualidade atual que é a da Vontade Espiritual ou *Ātmā*, porque, naquela altura, será visível a coloração do Raio, a marca do Arcanjo. Somente um ocultista e vidente muito desenvolvido é capaz de fazer tal investigação.

Entretanto, considerando que as qualidades dos Raios estão começando a se apresentar nos seres humanos da presente era evolucionária, de uma maneira bastante clara, um exame cuidadoso do caráter poderá, geralmente, fornecer indicações bastante confiáveis sobre o Raio de uma pessoa. Ao fazer tal tentativa é importante lembrar que, durante o tempo em que os atributos e as qualidades de cada um dos sete Raios estiverem presentes em cada indivíduo, a fim de conseguir um desenvolvimento completo, o Raio predominante ou a atividade do Raio da personalidade externa poderá mudar de vida em vida ou mesmo durante uma só vida. Consequentemente, torna-se bastante difícil, em muitas ocasiões, definir o nosso Raio Monádico ou o de qualquer outra pessoa. Apesar disso, existem certa indicações que possivelmente podem levar à descoberta do nosso próprio Raio.

Entre estas estão a qualidade predominante de nosso caráter, aquela que mais admiramos no caráter alheio, o impulso motivador ou a principal inclinação na vida, o método que usamos a fim de obter os resultados almejados e as maiores fraquezas, especialmente aquelas que achamos mais difíceis de serem erradicadas.

Até que a transformação em Adepto esteja mais próxima, quase todas as pessoas, provavelmente, apresentarão diferenças de desenvolvimento. Conquanto a virtude possa aparecer em alguns aspectos e, em outros, alguma habilidade excepcional e qualidades nobres, ainda podem ser discernidas também nítidas limitações. Muita gente importante deixa transparecer mesquinharia em alguns assuntos de ordem pessoal. O erro de cálculo e a ignorância podem prejudicar o discernimento e reduzir a eficiência daqueles que muitas vezes demonstram qualidades de direção da mais alta qualidade.

Aqueles que ainda estão passando pelas primeiras fases da evolução tendem, geralmente, a apresentar mais falhas do que as qualidades desejáveis dos Raios, seus vícios mais do que suas virtudes, mesmo que estas apareçam em certas ocasiões. O desenvolvimento do Ego ou, como às vezes se diz a idade da Alma, é decisivo na habilidade para vencer a fraqueza. Unicamente aqueles que estão bem adiantados, ou as "Almas velhas", é que possuem o interesse de progredir ou a força de vontade para isso.

O tempo requerido para corrigir uma falha, uma vez reconhecida, depende igualmente da idade evolutiva. Os mais adiantados seguidamente provam que estão mais capacitados a constatarem instantaneamente a expressão de uma característica indesejável e de conseguirem rapidamente a sua eliminação. Em outras palavras, o número de vidas terrestres e o progresso feito na maior parte delas decidem se é a força ou a fraqueza, as virtudes ou os vícios, os aspectos positivos ou negativos dos atributos do Raio, que encontrarão expressão predominante no pensamento, estímulo, sentimento e ação cotidianos.

Será bastante justificável classificar uma pessoa como sendo do primeiro Raio, se os seguintes atributos constituírem características marcantes de seu caráter: força de vontade, determinação e uma tendência para passar por cima dos desejos e do limite de liberdade alheios; um ardente anseio por posições de poder, e uma capacidade natural de mandar e liderar; o uso de uma força superior na maioria das emergências, muitas vezes até sem considerar os sentimentos dos outros, e uma tendência de irritar-se, quando contrariado.

Uma pessoa pode, razoavelmente, ser considerada como sendo do segundo Raio, quando reconhece que a felicidade depende da liberdade de pensamento e de ação, concede de boa vontade essa liberdade, tem a capacidade de tomar sábias decisões e de fazer planos corretos, universaliza a sua afeição, nutre um grande desejo de salvar, inspirar e levar felicidade aos outros, especialmente compartilhando bens; possui um dom para ensinar e uma preferência por cativar os inimigos, transformando-os em amigos e colaboradores, e alimenta uma fraqueza de sentimentalismo e sensualidade.

Provavelmente estamos no terceiro Raio, se constituírem marcadas características da nossa natureza: a compreensão imediata de ideias abstratas e da significação, da intenção e do caráter das pessoas; a faculdade de exame imparcial, a adaptabilidade e o tato; a capacidade de organizar, planejar e ordenar com inteligência e perspicácia e jogar uma boa partida de xadrez; o amor pela filosofia; a admiração pelos grandes filósofos e estrategistas; a rapidez em compreender e explicar variados fenômenos pela referência a um princípio fundamental; a habilidade para entrar em contemplação prolongada e, às vezes, a indecisão, o distanciamento e a tendência para intrigar, mesmo ao ponto de utilizar um ardil inescrupuloso.

Se o amor pela beleza e harmonia e um senso natural de ritmo e equilíbrio, uma vida devotada a uma ou outra Arte, uma aspiração de difundir a beleza sobre o mundo, a tendência para dramatizar e ilustrar as ideias, com formas rítmicas, certo poder de sedução e a fraqueza da vaidade, da autoindulgência e o mau humor constituírem características marcantes da personalidade, então há indicação do quarto Raio.

Constituem características evidentes do quinto Raio: a mente analítica e justa, pondo a lógica acima de tudo; o método de pensar científico fortemente enraizado e com o impulso natural para o estabelecimento de fatos incontestes; a utilização de mapas e diagramas no estudo e no ensino; o recurso à mente analítica para constante comprovação e pesquisa, com o intuito de chegar às conclusões finais; a fraqueza do egoísmo, a crítica excessiva dos outros, o amor próprio, o pedantismo, o materialismo e a curiosidade indiscreta.

O sexto Raio predomina se forem, consistentemente, demonstrados entusiasmo apaixonado; forte senso de lealdade; obstinação em tudo o que for pensado e feito; capacidade de devoção e autossacrifício, particularmente na prestação de serviços; conversão interior ardente, como um irresistível poder espiritual, e a fraqueza da emotividade, impulsividade, fanatismo e sensualidade.

Estamos evoluindo no sétimo Raio, ao menos no tempo presente, se somos atraídos para a ciência oculta e para a sua expressão, através do cerimonial e da magia, e temos um senso de ordem, sistema e método altamente desenvolvidos; se gostamos de combinar muitas influências, a fim de dar expressão às ideias e apelar com sucesso para os sentidos e a inteligência; se a graça, o esplendor e as ideias de cavalheirismo e fidalguia nos atraem fortemente; se temos o instinto de dominar as forças invisíveis para satisfazer as necessidades humanas e se possuímos as fraquezas do formalismo e do amor pelo poder e pelo cargo.

Sempre devemos lembrar que o verdadeiro Raio somente pode ser conhecido depois de uma avaliação correta da qualidade, natureza e influência da própria Mônada, o Habitante do Recôndito, que foi quem primeiro recebeu a marca e a coloração de um ou de outro dos Sete Poderosos Espíritos ante o Trono. O Raio do Ego também é o mesmo da Mônada, porém, no curso de sua evolução, o Ego se expressa através de suas sucessivas personalidades e, portanto, parece mostrar, predominantemente, as qualidades e os poderes de Raio após Raio. Um estudo do Ego, através de várias encarnações, revelaria, indubitavelmente, uma qualidade central ou uma luz brilhando, em todas as atividades e realizações mais importantes, e isso indicaria o Raio Monádico.

Por sua vez, cada Personalidade é influenciada, tanto por Raios Únicos como por combinações, produzindo na natureza humana uma grande variedade de características, capacidades e fraquezas. Mesmo assim, uma observação completa e desapaixonada das mais persistentes tendências básicas, particularmente da escolha daquilo que é mais apreciado e do método de obter os resultados almejados, poderão geralmente revelar o Raio Monádico. Como exemplo, procuremos seguir sete diferentes tipos de pessoas que entram numa loja, anotando os seus respectivos métodos de comprar. Se um cliente entra a passos largos, com uma escolha já predeterminada, vai, tanto quanto possível, diretamente à secção e balcão certos, fazendo o pedido em poucas palavras, aguardando calmamente enquanto a mercadoria é localizada e embrulhada, pagando e saindo sem olhar para os lados, naturalmente, aí foram demonstradas as características do primeiro Raio. Se, além disso, foi usada certa força para chegar ao balcão ou colocar-se melhor numa fila e, se as necessidades dos demais compradores foram desconsideradas e foi demonstrada certa rispidez, estes indicadores virão confirmar a classificação feita.

Se, por outro lado, forem levados em consideração os desejos e a prioridade dos outros compradores e a condição mortificada ou fatigada do balconista é observada, olhada com simpatia e desculpada; se é feita uma tentativa para conquistar a sua cooperação e auxílio por meio de uma descrição dos fins para os quais os artigos estão sendo adquiridos; se, depois de um penoso trabalho, o fracasso em obter aquilo que foi solicitado é seguido por uma desculpa ou pela compra de um artigo indesejado, então, tal pessoa estará provavelmente no segundo Raio.

O indivíduo do terceiro Raio, provavelmente, teria uma consideração especial pela localização da mercadoria no esquema geral, pela decoração do interior ou pela sua apresentação. Ele teria formado, também, uma ideia clara do material, estrutura, estilo e cor de sua compra. Escolhendo uma loja especializada onde o artigo tem mais probabilidade de ser encontrado, seu procedimento seria estritamente impessoal. Todos os artigos oferecidos seriam aceitos ou rejeitados inteiramente, sob o aspecto de sua conveniência. Ao encontrar o artigo procurado, o comprador do terceiro Raio estará sempre pronto a pagar o preço pedido.

A não ser que o primeiro Raio também esteja fortemente dentro dele, não terá tendência de reclamar dos preços ou de ser influenciado em sua escolha pelo pensamento de obter um desconto. Se os balconistas não estiverem capacitados a apresentar a mercadoria desejada, então, deixa de comprar sem considerar o que eles possam estar sentindo.

A pessoa do quarto Raio, mais provavelmente, deixar-se-á influenciar pela beleza dos objetos que pretenda comprar. Conquanto capaz de empregar o método de qualquer um dos Raios, planejando, examinando e completando a sua compra, o fator decisivo será a sua atração e o seu encanto. O tratamento ao vendedor dependeria, quase inteiramente, do humor e das condições físicas do comprador, no momento, e poderia variar de uma simpatia cativante a uma completa desconsideração dos sentimentos alheios. Na escolha pessoal da cor, o detalhe assume grande importância. Certos matizes e sombreados são habilmente misturados, com o fito de conseguir uma gama de cores harmoniosa. Os sub-raios poderão influenciar a escolha destas cores, apesar de que o verdadeiro artista estará inclinado a usar qualquer cor, em qualquer graduação, a fim de conseguir o efeito desejado.

Uma meticulosa atenção para o detalhe, provavelmente, será demonstrada pelas pessoas do quinto Raio. Não somente o plano geral da transação terá sido claramente elaborado, mas, também, terão sido decididos os detalhes quanto à cor, ao tamanho e à qualidade do artigo. Um padrão ou amostra, tanto da textura como da cor, serão constantemente utilizados como modelo, com considerável insistência sobre a exatidão de tais aspectos. O preço é importante e, algumas vezes, o barateamento da mercadoria ou a possibilidade de um desconto influirão na escolha.

Há probabilidade de ser feita comparação com artigos similares em outras lojas e o mais barato terá a preferência. Tanto quanto possível, a quantia exata da transação já estará orçada e, quando houver troco, este será cuidadosamente conferido. Na escolha e compra de mercadorias, os compradores do quinto Raio exigirão considerável paciência daqueles que os atendem. Mesmo quando o artigo desejado é encontrado na primeira loja, uma visita deverá ser feita às outras onde possam ser encontradas mercadorias igualmente convenientes. As consequentes confusão e indecisão podem ser exasperantes, particularmente, para os amigos nos quais o primeiro e o sétimo Raios combinados dão a capacidade de decisões rápidas.

A vivacidade da cor provavelmente será procurada por aqueles do sexto Raio, como também pelos seus irmãos do segundo. A não ser quando estão obstinados por uma ideia fixa ou temporariamente obcecados por um desejo irresistível, eles são delicados e complacentes com o balconista. São mais generalizadores do que detalhistas na sua preferência, tanto em relação à mercadoria quanto à loja, com probabilidade de serem influenciados tanto pelo que veem na vitrine, como pelo que lhes é oferecido insistentemente pelo vendedor persuasivo. Provavelmente não são tão decididos, neste particular, quanto aqueles que são influenciados pelo primeiro, terceiro e quinto Raios e que, consequentemente, poderão tornar-se pessoas bastante difíceis de servir. Tendem a ser afetados pelas ocorrências durante a visita às lojas e, especialmente, pelo tratamento recebido tanto de seus companheiros de compra, como dos vendedores. Quando se aborrecem, as circunstâncias podem levá-los a agir bastante inconsequentemente, até ao ponto de se recusarem, abruptamente, a comprar um artigo obviamente conveniente.

As pessoas do sétimo Raio tendem a procurar a perfeição em tudo o que compram, particularmente nos objetos de uso pessoal e nos destinados à decoração do lar. Na verdade, eles podem ser cognominados de perfeccionistas. A beleza, a graça, a adequação e certa suntuosidade são suas características mais notáveis. Lembram os seus irmãos do primeiro Raio na afinidade com os seus companheiros e são naturalmente corteses, complacentes e compreensivos com aqueles com os quais lidam. Dificilmente são influenciados pelos preços e tendem até a oferecer uma soma maior do que a solicitada, recebendo o troco sem darem-se ao demasiado trabalho de conferi-lo. Existe certa grandeza principesca no caráter e na conduta das pessoas do sétimo Raio.

De um modo geral, é altamente desejável que as pessoas de cada um dos sete Raios possuam uma qualidade específica. Para o primeiro Raio isto seria o poder, para o segundo a sabedoria, para o terceiro a compreensão, para o quarto a beleza, para o quinto o conhecimento, para o sexto uma devoção invariável e para o sétimo a ordem.

O conhecimento dos sete Raios é de utilidade para compreender os outros, especialmente aqueles cujo modo de encarar a vida, os métodos de conseguir os fins desejados e objetivos finais diferem dos nossos. Tal conhecimento pode trazer uma das mais elevadas virtudes para aqueles que o possuem: uma grande tolerância decorrente da profunda compreensão dos ideais e das ações dos outros indivíduos e das outras nações.

Esta virtude é maravilhosamente expressada nas palavras do Senhor Shri Krishna, que falava como a encarnação de Vishnu, o Segundo Aspecto da Santíssima Trindade:

De qualquer modo que os homens venham a Mim, Eu lhes dou as boas-vindas, pois são Meus todos e quaisquer caminhos que os homens possam tomar, Oh Pārtha. (*Bhagavad-Gitā* IV, 11, traduzido por A. Besant)[32].

[32] Editora Teosófica, 1ª edição, 2010. Brasília-DF. (N.E.)

# *Um método de meditação*

## PREPARAÇÃO

Corpo relaxado.
Emoções harmonizadas.
Mente atenta e repleta de vontade.
O centro da consciência radicado no Eu Superior, a Alma Espiritual, o Ego Imortal.

## DISSOCIAÇÃO

Afirme e realize, mentalmente:
Eu não sou o Corpo Físico. Eu sou o Eu Espiritual. Eu não sou as Emoções. Eu sou o Eu Espiritual. Eu não sou a Mente. Eu sou o Eu Espiritual

## MEDITAÇÃO

Eu sou o Eu Divino (Pense sobre a Mônada).
Imortal.
Eterno.
Radiante de Luz Espiritual.
Eu sou este "Eu" de Luz, este "Eu" sou eu.

O "Eu" em mim, o *Ātmā*, (A Essência-Espírito no homem) é um com o "Eu" em tudo, o *Paramātmā* (A Essência-Espírito no universo, sua inteligência dominante, o Logos Solar, Nosso Senhor o Sol)
Eu sou aquele "Eu" em tudo; aquele "Eu" sou eu.
O *Ātmā* e o *Paramātmā* são um.
Eu sou ISTO. ISTO eu sou.

**ENCERRAMENTO**

Traga o centro de consciência para a mente formal, iluminada e receptiva à intuição.
Para as emoções, irradiadas pela Luz Espiritual.
Para o corpo, fortalecido pela Vontade Espiritual, internamente vitalizado, em autorrecolhimento durante o dia, recordando no coração a Divina Presença, o Imortal Soberano Íntimo, localizado no coração de todos os seres.

Relaxe a mente e permita que o efeito elevado da meditação se estenda a todas as outras atividades do dia. Vide: *A Suprema Realização Através do Yoga*, Geoffrey Hodson[33].

[33] Ed. Teosófica, Brasília, 2001. (N.E.)